FACILITER LA COMMUNICATION DE GROUPE

35 FICHES

Éditions d'Organisation
1, rue Thénard
75240 Paris Cedex 05
Consultez notre site
www.editions-organisation.com

ISBN : 2-7081-2779-9

Collection EO/FP dirigée par Armand DAILLAN

Jean-Pierre GRUÈRE, Patrice STERN

FACILITER LA COMMUNICATION DE GROUPE

35 FICHES

Éditions d'Organisation

DES MÊMES AUTEURS

Jean-Pierre GRUÈRE

« *33 fiches d'analyse des relations de groupe* » (en collaboration avec Patrice STERN), Paris, les Éditions d'Organisation, 1978, 2e édition en 1981 (épuisé).

« *Traité des Organisations* » (en collaboration avec Jak JABES), Paris, PUF, 1992.

« *La communication interpersonnelle en 48 fiches* », Paris, Les Éditions d'Organisation, 1983 – 2e édition 1995.

« *Optimiser les ressources humaines dans l'entreprise* » (en collaboration), Paris, EME ESF, 1984, 2e édition 1988.

« *Le bilan comportemental dans l'entreprise* » (en collaboration), Paris, PUF, Collection « Gestion », 1984.

« *Management aspects humains et organisationnels* » (en collaboration), Paris, PUF, 1990 – 3e édition 1993.

« *Cadres français et communication interculturelle* » (en collaboration avec Pierre MOREL), Paris, Eyrolles, 1990.

« *Voyager aux États-Unis* » (en collaboration avec Pierre MOREL), Press Pockett, 1992.

« *Manuel de gestion* » (en collaboration) – Édition Ellipses 1999.

Patrice STERN

Patrice STERN – Patricia TUTOY, *Le métier de consultant*, Éditions d'Organisation, Paris, 2001.

Patrice STERN, Christian MICHON, *La dynamisation sociale*, Éditions d'Organisation, Paris, 1985.

Patrice STERN, *Être plus efficace*, Éditions d'Organisation, Paris, 2001.

Patrice STERN, *Le Management sans ménagement*, Éditions MédiaTerra, Bastia, 1996.

Patrice STERN, *Le Management politiquement incorrect*, Éditions MédiaTerra, Bastia, 1997.

Patrice STERN, *Le Management ça s'arrange pas !* Éditions MédiaTerra, Bastia, 1999.

Avis au lecteur

La première édition de cet ouvrage était parue sous le titre « *33 fiches d'analyse des relations de groupe* ».

La deuxième édition était parue sous le titre « *La communication de groupe en 35 fiches* » enrichie d'exercices nouveaux.

La présente édition a été de nouveau mise à jour avec, notamment, de nouvelles références bibliographiques.

SOMMAIRE

COMMUNICATION DANS LES GROUPES

Introduction

Communiquer dans les groupes, que ce soit en famille, à l'école, avec des amis, dans la vie professionnelle, ou en d'autres occasions représente une activité quotidienne et banale pour la plupart des gens. Cette activité essentielle ne va pas sans malentendus de toutes sortes, et les difficultés fréquentes liées à la communication justifient en partie notre démarche.

Cet ouvrage se présente sous la forme d'un recueil d'exercices qui permettent d'explorer de façon active et critique certains phénomènes de communication rencontrés dans le fonctionnement des groupes.

Les exercices choisis pourront intéresser les praticiens de la formation, animateurs de groupes, moniteurs, enseignants, pédagogues, cadres responsables de sessions, psychologues, étudiants.

Ils constituent un répertoire diversifié, capable de leur venir en aide à l'occasion d'une animation spécifique.

Objectifs

Les objectifs visés rejoignent certaines préoccupations actuelles de la pédagogie :

- Faciliter le repérage et la compréhension des phénomènes relationnels vécus dans les groupes.
- Sensibiliser les participants à la variété des attitudes et des systèmes de valeur mis en jeu.
- Préparer et entraîner les membres d'un groupe à mieux prendre en charge leurs décisions et leurs actions.

- Favoriser l'assimilation progressive de notions, concepts et processus fondamentaux de la psychologie sociale.

Il s'agit d'aider les membres d'un groupe à mieux s'écouter pour mieux « s'entendre » (eux-mêmes et entre eux) et mieux réaliser leurs objectifs.

MÉTHODES

Les méthodes préconisées s'apparentent aux méthodes actives. Nous indiquerons pour chaque exercice :

- les objectifs dominants, les documents et le matériel nécessaires ;
- le déroulement à suivre pour l'animateur et les participants ;
- des remarques générales destinées à préciser certains aspects utiles à la réflexion commune.

Les différentes situations introduites par les exercices proposés sont définies au départ. À terme, elles ne manquent pas d'induire et de faire émerger au gré des échanges, certains phénomènes relationnels vécus habituellement au sein des groupes.

L'analyse des événements a posteriori s'en trouve facilitée.

L'intention est d'offrir un éventail de stimulations « pré-organisées » dont on sait par expérience qu'elles pourront mener avec profit à tel ou tel type d'exploitation.

Cette pédagogie inductive, qui utilise fréquemment le mode ludique, suscite l'intérêt des participants et contribue de leur part à un effort de conceptualisation mieux compris. Cette démarche est utile pour resituer le sens d'une action dans une perspective plus globale et plus cohérente aux yeux des acteurs.

RÔLE DE L'ANIMATEUR

Définir des objectifs et des moyens, favoriser l'expression et la vie du groupe, l'aider à analyser son efficacité et sa propre dynamique, telles pourraient être *a priori* les fonctions principales d'un animateur désireux d'utiliser ce recueil de fiches.

Il lui faudra tout d'abord préparer l'exercice avant de le tester ou de le mettre en œuvre. Sensibiliser le groupe aux méthodes utilisées et aux objectifs visés en définissant les conditions matérielles de travail, les consignes, les buts à atteindre (s'assurer que tout le monde a bien compris). Veiller au bon déroulement de l'action, évacuer les obstacles éventuels ; observer les phénomènes généraux et particuliers, communiquer les résultats, interpréter, élucider les différents aspects de la dynamique du groupe. Enfin évaluer les résultats, en fonction de buts initiaux.

Le répertoire des animateurs expérimentés est composé d'exercices qu'ils « sentent » particulièrement bien et qui leur donnent l'occasion d'insister sur tel ou tel aspect important à leurs yeux. Enrichir son répertoire suppose donc un effort d'assimilation pour intégrer les éléments présentés. L'animateur aura intérêt à tester ces exercices pour adapter leur forme et leur fond à ses préoccupations, à ses connaissances, à sa personnalité et aux groupes concernés.

Il existe des difficultés inhérentes à ce type de pédagogie « active » :

- ne pas laisser les participants s'enfermer trop longtemps dans une grisante mécanique ludique ;
- intervenir à bon escient pour organiser la réflexion sur les réactions déclenchées par le jeu ;
- accepter que les conclusions tirées par le groupe ne coïncident pas point par point avec ses propres vues, etc.

Certaines situations vécues font émerger des conflits ou des blocages pénibles à supporter. Une grande prudence est à conseiller aux animateurs débutants sous peine de se voir taxer « d'apprentis sorciers ». La « coanimation », lorsqu'elle est possible, rend souvent des services à cet égard.

LES PARTICIPANTS

Beaucoup de possibilités sont offertes de nos jours à des publics très divers pour suivre des stages de formation au développement personnel.

Les motivations des participants, inscrits par exemple à un séminaire de « communication » inter-entreprises peuvent être au départ, sensiblement différentes : certains attendent *a priori* « beaucoup » de ce genre d'expérience, voire même trop ; d'autres affichent d'emblée leur scepticisme ou leur désir de se maintenir à distance, en curieux, le plus longtemps possible. Certains s'inscrivent de leur plein gré, après avoir effectué une démarche personnelle ; d'autres sont envoyés par leur chef de service en « reconnaissance », pour observer et rendre compte, ou sous prétexte que « ça ne pourra que leur faire du bien ». Certains ont l'habitude de ce type de formation ; d'autres la découvrent. Parfois les gens se connaissent déjà, parfois pas du tout, ce qui peut entraîner des conséquences variées sur le climat de confiance ou d'incertitude initial... ; en particulier la présence de plusieurs échelons hiérarchiques au sein d'un même groupe provoque des inhibitions et introduit dans la situation des variables dont il faudra nécessairement tenir compte.

Pour toutes ces raisons, il apparaît utile que l'animateur prenne connaissance au préalable des principales caractéristiques du groupe et de ses membres (nombre prévu, sexe, âge, formation, profession, expériences...) ; qu'il éclaircisse avec les participants leurs attentes, et par la suite, qu'il suscite de temps à autre quelques retours d'information ou « feed-back ».

Le choix des exercices et leur ordonnancement, pour une session donnée, dépendra d'abord de ces investigations. Commencer par un exercice choisi judicieusement contribue souvent à atténuer certaines attitudes défensives et à instaurer progressivement un climat de confiance et de coopération entre les membres du groupe et l'animateur.

Les situations

Les situations proposées au début de chaque exercice sont présentées par l'animateur de façon claire et bien définie.

Il convient néanmoins de ne pas sous-estimer l'appréhension des participants ni leurs « fantasmes ». C'est souvent dans l'espoir de mieux se connaître que les membres du groupe viennent suivre un séminaire centré sur les communications, mais rares sont ceux qui ne redoutent pas des « révélations » susceptibles de modifier l'image qu'ils ont d'eux-mêmes.

La situation de groupe est à cet égard sécurisante, en ce qu'elle sécrète des normes « contractuelles » difficiles à transgresser, et aussi libératrice, en ce qu'elle permet souvent de s'exprimer tout en étant écouté et reconnu. Le champ des possibilités est donc ouvert au départ et la structuration du groupe se façonne progressivement au gré des échanges, compte tenu de la situation globale, des données de l'exercice, des personnalités en présence et de l'animateur.

Parmi les exercices qui vont suivre, certains sont conçus délibérément pour provoquer des tensions entre les membres du groupe. Cette dynamique conflictuelle mène à des réflexions mieux senties, et fournit souvent après coup, des éléments d'analyse d'une grande richesse. L'apparition de phénomènes agressifs représente un risque pour les participants dont la personnalité est fragile. On observe donc une tendance à prendre le minimum de risques, à minimiser ou à neutraliser les sources de tension et à faire « comme si » tout allait pour le mieux, comme si rien ne pourrait jamais entamer leur sérénité. Ils apparaissent soucieux de faire bonne figure et de présenter une image de groupe uni quoi qu'il arrive, où tous seraient satisfaits et très à l'aise.

Devant ces mécanismes de défense assez répandus, induits en grande partie par les situations proposées, l'art de l'animateur consistera à faire en sorte que l'émotion ressentie et l'agressivité sous-jacente puissent être reconnues comme telles et exprimées dans des formes socialement et moralement acceptables pour tous.

LE CONTENU

Nous avons regroupé sous trois rubriques, par souci, de commodité, de nombreux thèmes de réflexion empruntés au langage des sciences humaines :

1. Perception et images sociales
2. Structuration et organisation
3. Évaluation

Il existe un souci d'enchaînement logique dans la succession de ces titres. Nous sommes néanmoins conscients de l'arbitraire de ce choix car la dynamique des relations dans les groupes peut être abordée autrement.

Les théories explicatives des Sciences humaines ne seront pas traitées ici en tant que telles, mais restent sous-jacentes et nécessaires à l'exploitation des exercices proposés.

Liberté est donc laissée aux formateurs de situer les contours de leurs interventions complémentaires en s'aidant au besoin du lexique ou des données bibliographiques, placés en fin d'ouvrage.

Le contenu des trois chapitres met l'accent sur des notions appartenant à la « psycho-sociologie », discipline qui se situe à la croisée des chemins du psychologue et du sociologue.

Il y a un lien indissoluble entre l'histoire personnelle du sujet humain et l'interaction sociale, au point (qu'on a pu dire) que le social vit en chacun de nous, disait G. Gurvitch.

Ce livre participe d'un effort pour prendre conscience de ce qui se passe lorsque des individus se rencontrent et vivent ensemble, pour analyser les phénomènes d'interaction qui se produisent alors. La vie de l'homme, en société et en groupe, fait l'objet d'études visant à fournir certaines explications répondant aux critères scientifiques : être objectifs, communicables et susceptibles d'une certaine généralisation.

Trois approches seront donc recommandées pour exploiter les résultats des différents exercices proposés ci-après ; toutes trois aident à comprendre la même réalité.

- L'une consistera à se placer d'un point de vue « psychologique » en privilégiant la causalité individuelle.
- Une autre explorera la dynamique des interactions inter-individuelles mise en oeuvre dans les situations.
- Une dernière éclairera la même réalité en partant de perspectives organisationnelles.

Ces perspectives complémentaires sont en fait, difficilement dissociables. L'individu ou l'acteur social a de toutes les façons beaucoup de mal à percevoir et à reconnaître les forces d'origine personnelle, sociale ou organisationnelle qui le poussent à agir. Entrevoir sa réalité, pour un individu ou pour un groupe, et pouvoir en rendre compte, est le résultat d'un effort d'analyse critique que ce livre invite à entreprendre.

Le premier chapitre, Perceptions et images sociales, présente en effet une série d'occasions *pour les membres d'un groupe de vivre et d'analyser* le jeu souvent subtil de leurs perceptions réciproques. Toute perception est active, et plus qu'une réaction aux stimuli de l'environnement, c'est une transaction avec cet environnement ; elle est aussi nécessairement organisée et structurée ; elle est enfin sélective.

Ces aspects pourront être abordés ici, en relation avec l'étude de certains concepts utiles tels que ceux de rôle, stéréotype, opinion, images sociales...

Le second chapitre, Structuration et organisation, explore à travers plusieurs exercices, les manières dont un groupe se forme, s'organise et construit ses relations de pouvoir. Pour K. Lewin, « tout groupe adopte une "forme", déterminée par l'équilibre des forces, des tensions et par le champ perceptif des individus ». On observe que l'individu et les groupes sociaux s'ingénient à optimiser leurs relations suivant des stratégies particulières, en fonction des gains et des pertes, et en fonction de l'image du probable et du possible que les acteurs se font de leur propre situation.

Le troisième chapitre, Évaluation, comporte plusieurs exercices qui pourront servir de complément à ceux des deux premiers. Les évaluations sont des moyens de revenir sur les expériences vécues et d'en tirer des enseignements pour améliorer non seulement les relations interpersonnelles mais aussi l'efficacité du groupe. Elles favorisent sa maturation et l'épanouissement de ses membres.

À travers les différents exercices qui vont suivre, nous souhaitons donc faire comprendre certains phénomènes vécus dans les groupes à ceux-là mêmes qui en sont les agents et les acteurs. Chaque exercice a son potentiel propre et les chances de succès augmentent si l'animateur choisit celui qui convient le mieux à la situation, au groupe et à lui-même. Il lui suffira de mettre en place le cadre sur lequel viendront s'articuler les éléments dont il proposera l'analyse.

Chapitre 1

PERCEPTION ET IMAGES SOCIALES

« Esse est percipi aut percipere »
Être c'est percevoir ou être perçu.
G. Berkeley.

Ce sont les autres qui dans une très large mesure nous font devenir qui nous sommes. L'environnement humain est une donnée primordiale dans la constitution de notre personnalité. On ne peut avoir conscience d'être pleinement soi-même que si l'on peut se situer : par rapport à son entourage, à ses semblables, à la moyenne, aux normes sociales...

Chacun de nous existe à la croisée de ses appartenances multiples.

La société, les institutions, la famille contribuent efficacement à façonner et à orienter nos perceptions, nos représentations, nos valeurs, nos croyances, nos motivations, nos attitudes, nos préjugés...

Les multiples rôles que nous sommes amenés à jouer quotidiennement, en tant qu'acteurs sociaux pris dans des systèmes, nous conditionnent le plus souvent à notre insu. Nous n'avons nulle conscience des facteurs culturels inscrits dans nos comportements et notamment de nos comportements perceptifs, parce que nous sommes plongés dans notre culture.

À travers les exercices qui vont suivre, une réflexion pourra être amorcée sur les relations à l'intérieur des groupes, sur l'influence des perceptions interindividuelles, des ajustements ou attentes réciproques, sur les notions de rôle, de statut, de norme, de marginalité, d'opinion, de préjugé, de stéréotype et de feed-back.

L'étude des processus d'interaction entre les individus, entre l'individu et le groupe, et entre les groupes est abordée ici de façon parfois implicante. L'animateur devra surveiller le degré d'implication des participants pour qu'il demeure « supportable ».

Ces exercices constituent autant d'occasions de mieux situer la part de nos libertés et de nos déterminismes.

Préalable à la conversation

Objectifs

- Faciliter et enrichir la présentation mutuelle des membres du groupe.
- Réfléchir sur les difficultés d'une prise de contact.

Matériel

- Une liste de phrases inachevées, par personne.
- Papier, crayons.

Déroulement

- Cet exercice pourra se situer au début de la formation d'un groupe, ou après un temps d'adaptation réciproque de ses membres.
- Nombre de participants : 12 à 6.
- Durée : environ 2 heures.
- L'animateur invite les participants à faire connaissance d'une façon quelque peu inhabituelle. Chacun remplira une liste de phrases inachevées, qui servira ultérieurement de guide d'entretien.
- Une fois la liste remplie, les participants se groupent en binômes (deux personnes se connaissant le moins possible s'installent en face à face) ou en trinômes (trois personnes).
- Chacun devra alors interviewer son voisin en utilisant les propositions de la liste et en prenant des notes. L'interviewer orientera l'entretien sur les thèmes généraux abordés par la liste mais ne s'en tiendra pas strictement aux compléments de phrases inventés par l'interviewé. Il sera interviewé à son tour selon le schéma suivant :

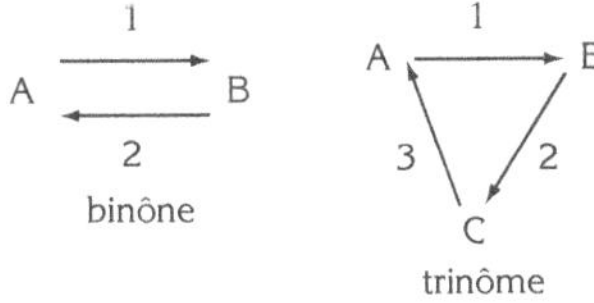

- La dernière étape consistera pour chaque interviewer à présenter synthétiquement son voisin au groupe réuni à cet effet. Après chaque présentation, l'animateur invitera les autres membres à poser des questions s'ils le souhaitent. Pour maintenir l'attention en éveil, il aura soin de brasser les présentations (éviter que les personnes d'un trinôme soient présentées l'une après l'autre).

Si l'animateur souhaite s'intégrer à un binôme ou à un trinôme, il pourra partager le sort des participants et être lui aussi présenté au groupe.

Liste de propositions inachevées :
(Test d'imagination)

1 – La liberté commence quand...
2 – Le travail, cela signifie...
3 – On peut dire que quelqu'un a réussi lorsque...
4 – La place de la famille c'est...
5 – L'autorité devrait être...
6 – En général, le changement...
7 – Les loisirs, cela représente...
8 – Le bonheur c'est avant tout...
9 – Les gens les plus estimables sont...
10 – Actuellement ce qu'il convient de redouter c'est...
11 – Les femmes devraient...
12 – Le passé c'est important pour...
13 – La compétition en général...
14 – Il est probable que l'avenir...
15 – Le travail en groupe...
Autres propositions...

Remarques générales

La liste des propositions peut être présentée au départ comme un test d'imagination. Elle reste ouverte à tout complément jugé utile par les participants. Elle peut en « bloquer » certains ; elle peut généralement aider la plupart à se présenter autrement que par un bref monologue évoquant quelques données (les plus neutres possibles) de leur travail ou de leur état civil.

Portraits au conditionnel

Objectifs

- Améliorer la connaissance de soi grâce aux autres.
- Prendre conscience du type de perception que l'on peut déclencher à son insu.
- Réfléchir sur les phénomènes de perception, de projection, de représentation a priori, d'anticipation, de jugements et d'attitudes réciproques.

Matériel

Une liste type de questions pour les « questionneurs ».

Déroulement

- 8 à 12 participants.
- Temps variable entre 1 heure et 2 heures.
- L'animateur propose aux membres d'un groupe désireux d'approfondir leur connaissance mutuelle de participer à un exercice de perceptions réciproques. Il invite chacun à exprimer, par le biais de l'imaginaire, sa façon d'appréhender les autres... au conditionnel.

Pour ce faire, et si un climat de confiance suffisant le permet, le groupe tentera de répondre oralement aux interrogations d'un « questionneur » concernant l'un de ses membres. Chacun à son tour pourra devenir, s'il le désire, l'objet des investigations de tous.

Le rôle de questionneur peut passer d'une personne à une autre (ou être assumé par le groupe tout entier). Il consiste à formuler le genre de questions ci-dessous. Les réponses du groupe doivent contribuer à suggérer la « psychologie » du personnage.

Questions-type

- S'il avait des loisirs, comment les occuperait-il ?
- S'il possédait une automobile, quelle serait-elle ?
- S'il composait un menu, que mangerait-il ?
- S'il habitait quelque part, quel type de logement aurait-il ?
- S'il se portait volontaire, ce serait pour ?
- S'il voyageait, quel pays visiterait-il ?
- Quels souvenirs rapporterait-il ?
- S'il était attaqué dans la rue, quelle serait sa réaction ?

- Si on lui donnait 50 000 Euros, qu'en ferait-il ?
- S'il lisait un journal, quel pourrait être son titre ?
- S'il détestait quelqu'un, quel genre de personne serait-ce ?
- S'il avait un tableau chez lui, quel genre de tableau ?
- S'il adhérait à un parti, un club, une association ?
- S'il était marié ?
- S'il avait des amis ?

Etc.

Remarques générales

L'animateur assistera aux échanges avec vigilance, en intervenant pour éviter des excès d'implication.

Il entamera ensuite une discussion sur la relativité des perceptions, leur convergence ou leur divergence, l'importance de l'image de soi et des représentations sociales, les projections, les affinités, etc.

Il pourra souligner l'importance relative des zones de notre personnalité connues de nous, inconnues de nous, connues des autres, inconnues des autres.

Observations personnelles

Structure de la perception

Objectifs

- Montrer que la représentation qu'on a de quelqu'un est souvent, au départ, le produit d'une structuration d'ensemble (Gestalt-théorie).
- Réfléchir sur les phénomènes de perception inter-individuelle.

Matériel

- Une feuille de consignes pour chaque groupe.
- Papier et crayon pour tous.
- Un tableau.

Déroulement

- 12 participants.
- 30 à 45 minutes.

L'animateur divise le groupe initial en 4 sous-groupes (3 personnes × 4) A, B, C et D.

Feuilles de consignes pour le sous-groupe « A »

Essayez d'imaginer avec le plus de détails possibles la personnalité de l'individu dont les collègues parlent en ces termes :

- INTELLIGENT
- EFFICACE
- SCRUPULEUX
- ENTÊTÉ
- TIMIDE
- AGRESSIF.

Rédigez ensemble son portrait.

Feuilles de consignes pour le sous-groupe « B »

Essayez d'imaginer avec le plus de détails possibles la personnalité de l'individu dont les collègues parlent en ces termes :

- AGRESSIF
- TIMIDE
- ENTÊTÉ
- SCRUPULEUX
- EFFICACE
- INTELLIGENT.

Rédigez ensemble son portrait.

Feuilles de consignes pour le sous-groupe « C »

Essayez d'imaginer avec le plus de détails possibles la personnalité de l'individu dont les collègues parlent en ces termes :

- COMPÉTENT
- RESPONSABLE
- TRAVAILLEUR
- LENT
- DÉSAGRÉABLE
- RIGIDE

Rédigez ensemble son portrait.

Feuilles de consignes pour le sous-groupe « D »

Essayez d'imaginer avec le plus de détails possibles la personnalité de l'individu dont les collègues parlent en ces termes :

- RIGIDE
- DÉSAGRÉABLE
- LENT
- TRAVAILLEUR
- RESPONSABLE
- COMPÉTENT.

Rédigez ensemble son portrait.

Après 15 à 20 minutes de travail de groupe les 4 portraits sont lus et commentés en « grand groupe » de la façon suivante : on demande d'abord aux équipes A et B de décrire leur personnage respectif.

Puis aux équipes C et D de faire de même.

Les analyses des portraits fournis par les deux paires (A et B) puis (C et D) montrent que ceux des groupes A et C sont généralement plus favorables à l'individu décrit que ceux des groupes B et D. Une discussion sur les perceptions pourra s'ensuivre.

Remarques générales

« Salomon ASCH interprète ce résultat à partir de la psychologie de la forme ou « gestaltisme » : les sujets des groupes A et C ont enregistré d'abord les qualités positives (intelligent, efficace, scrupuleux, ou compétent, responsable et travailleur). Une image s'est structurée qui était favorable à la personne décrite. Les qualités moins positives ont été perçues en fonction de la structure déjà construite et se sont adaptées à cette structure. L'agressivité, l'entêtement, la lenteur, la rigidité, etc., peuvent devenir des qualités positives chez des personnes intelligentes et compétentes par ailleurs. »

Par contre les membres des sous-groupes B et D ont enregistré en premier lieu les caractéristiques négatives et lis ont construit une image défavorable a priori qui a entraîné les adjectifs positifs.

N.B. – La première structuration de la perception, édifiée à partir des premières impressions n'a pas un caractère immuable, ni intangible. C'est une première façon de s'adapter aux autres qui pourra être remise en question, à chaque rencontre ultérieure (et même lorsque les gens sont morts, les vivants continuent à remodeler progressivement l'image qu'ils ont gardée d'eux).

Observations personnelles

Les gens du village

Objectifs

- Favoriser l'expression des perceptions et des sentiments interpersonnels dans un groupe.
- S'exercer à formaliser ses impressions vis-à-vis d'autrui.
- Entraîner les participants â mieux se situer dans le groupe.

Matériel

- Papier, crayon, tableau.

Déroulement

- 8 à 12 participants.
- Durée : 1 heure 30 environ.
- En fin de séminaire ou de session, les participants souhaitent parfois mieux connaître et situer le jeu des perceptions réciproques à l'intérieur du groupe.
- On leur demande d'admettre, par convention, qu'ils font partie d'un village français dans lequel ils vivent depuis longtemps.
- Chacun réfléchit au statut qu'il pourrait spontanément s'attribuer à lui-même (agriculteur, éleveur, commerçant, instituteur, artisan, maire, curé, pharmacien, etc.) et ensuite au statut qu'il pourrait attribuer aux autres membres du groupe (établir la liste).
- Une fois le travail individuel terminé, l'animateur peut procéder au remplissage d'un tableau à double entrée pour recueillir les informations. Chacun lui indique le statut qu'il s'est attribué à lui-même et celui qu'il a distribué aux autres en ajoutant ses commentaires.

Participants perçus

Ceux qui perçoivent

	A	B	C	D	E	F	G	H
A								
B								
C								
D								
E								
F								
G								
H								

On notera avec intérêt les points de convergence et de divergence des perceptions (qu'il s'agisse d'auto ou d'hétéroperception) et on laissera discuter les participants entre eux.

L'analyse des écarts de perception, menée si possible dans un climat de confiance, les aidera à mieux se connaître eux-mêmes et à mieux comprendre leur entourage. On tentera de leur faire admettre la part de vérité que peuvent « révéler » les apparences. *Schéma explicatif :* Jo Luft et Harry Ingham (Fenêtre de Johari).

	CONNU DE SOI	INCONNU DE SOI
CONNU DES AUTRES	Zone d'activité connue « Soi » public I	II Zone aveugle (inconscient)
INCONNU DES AUTRES	III Zone cachée « Soi » privé	IV Zone d'activité potentielle inconnue

Les différentes surfaces I, II, III, IV peuvent varier considérablement d'un individu à l'autre.

Variantes

On peut tout aussi bien, au lieu du village, choisir par exemple le monde politique français ou le monde du spectacle et demander aux participants de situer leur groupe à l'aide de ces références : un tel ferait penser à tel leader, tel autre à telle vedette, etc. L'exploitation serait la même que précédemment.

Variante dans le monde de l'entreprise (Jobing)

Déroulement consignes

Vous êtes l'un des membres d'un groupe de 8 personnes qui ont décidé de créer une entreprise.

Les fonctions à répartir sont les suivantes :

1. Président-directeur général
2. Directeur administratif et financier
3. Directeur commercial
4. Directeur de la production
5. Directeur des ressources humaines
6. Directeur des relations publiques
7. Directeur du marketing
8. Directeur de la publicité.

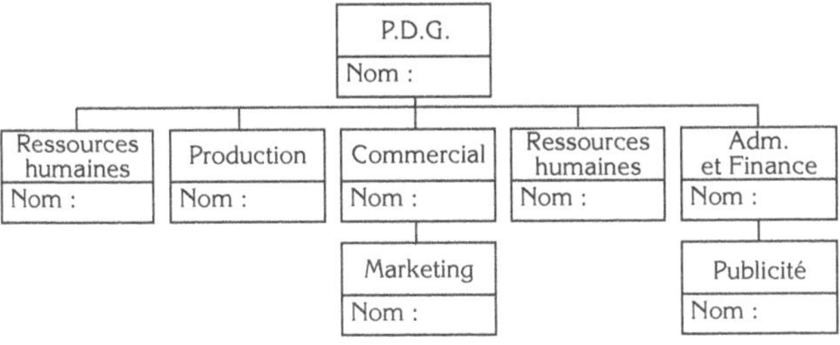

Fonctions / Noms des participants	PDG	Adm. et finance	Commercial	Production	Ress. humaines	Rel. Publiques	Marketing	Publicité

Choisissez votre fonction et celles des membres du groupe après avoir pris connaissance de l'organigramme que vous compléterez suivant vos choix. À partir de la fiche globale de résultats, le groupe discute et analyse les différentes perceptions révélées.

Chaque personne commente :

1. la façon dont elle s'est elle-même perçue ;
2. la façon dont elle a perçu les autres ;
3. la façon dont les autres l'ont perçue ;
4. la façon dont les autres se perçoivent.

Observations personnelles

Perception d'autrui

OBJECTIFS

- Affiner les perceptions réciproques des membres d'un groupe.

MATÉRIEL

- Papier, crayons, tableau.
- Une liste par personne (Annexe).

DÉROULEMENT

- Durée : 2 heures environ.
- Nombre de participants : 8 à 12.

En fin de session les membres du groupe peuvent émettre le souhait d'approfondir l'étude du jeu de leur perception réciproque.

Chacun est alors invité à se livrer à une cotation approximative des apparences perçues en positionnant les membres de son groupe à l'aide de l'échelle suivante.

(Ne choisir que les caractéristiques les plus typiques).

Il pourra compléter à son gré la liste des mots proposés. Il inscrira les prénoms des autres dans les colonnes de son choix (s'assurer que tout le monde connaît tout le monde).

ANNEXE

	+ +	+	+ –	–	– –
– AMBITION – ASCENDANT – CALME – COMBATIVITÉ – COMPRÉHENSION – COOPÉRATION – DISPONIBILITÉ – ÉMOTIVITÉ – FIABILITÉ – HABILETÉ – INDÉPENDANCE – ORIGINALITÉ – OUVERTURE – RESPECTABILITÉ – SÉRIEUX – SOCIABILITÉ – SOUPLESSE – TÉNACITÉ – VIVACITÉ					

Lorsque chacun a rempli sa feuille individuelle, l'animateur recueille les impressions du groupe et tente de synthétiser les perceptions mutuelles à l'aide du tableau.

Exemple de tableau

PARTICIPANTS LISTE	A	B	C	D	E	F	G	I	J
Ambition Ascendant Etc.	+ + + - +		+ –						

L'animateur recueille donc sur un tableau de ce type des appréciations portées par chaque membre sur les autres. Les écarts de perception apparaissent, et chacun peut s'expliquer en détail sur sa façon de voir les autres.
Une réflexion pourra s'ensuivre sur les notions de projection, de perception, de réalité, de vérité, etc.

Variantes

On peut faire établir à chacun, la liste des noms de tous les autres participants, par ordre décroissant : du membre le plus semblable à lui-même jusqu'au plus différent. À côté du nom de chaque personne, il devra essayer de motiver son classement par écrit. L'animateur invite alors, les participants à exposer leur liste et leurs justifications.
Il peut éventuellement noter au tableau (avec accord du groupe) les résultats de ces classements.

Exemple de tableau

PARTICIPANTS	A	B	C	D	E	F	G	H	I	J
Classement de A	/	1	4	2	3	5	7	6	8	9
Classement de B	3	/	2	1	4	5	8	6	7	9
Classement de C			/							
Classement de D				/						
Classement de E					/					
Classement de F						/				
Classement de G							/			
Classement de H								/		
Classement de I									/	
Classement de J										/

Chaque participant indiquera à l'animateur son classement (N° 1 le plus proche, etc.). L'exploitation consistera en partie à repérer les participants « sympathiques » souvent choisis comme les plus proches, et à s'interroger sur le sort de ceux qui n'ont pas la faveur du groupe (s'ils existent).

Observations personnelles

Proverbes
(les équivoques du langage)

Objectifs

- Confronter les représentations spontanées et antagonistes des participants.
- Les sensibiliser à l'ambiguïté des perceptions liées au langage.
- Introduire quelques notions de sémantique.
- Réfléchir sur les fondements des stéréotypes et des proverbes.

Matériel

- Une liste par personne.

Déroulement

Vous trouverez ci-dessous une liste de 21 déclarations.
Chacune d'elles est suivie des lettres V (toujours vrai), F (pas toujours vrai) et S (sans opinion).
Votre rôle consiste à entourer spontanément et rapidement une des lettres V, F ou S qui vous paraît à chaque fois, le mieux caractériser la phrase.
Chacun réagit comme il l'entend et il n'y a pas de « bonnes » ou de « mauvaises » réponses.

1 – Qui ne risque rien n'a rien .... V F S
2 – On ne prête qu'aux riches .... V F S
3 – Sale comme un cochon .... V F S
4 – Bon sang ne peut mentir .... V F S
5 – Le mieux est l'ennemi du bien .... V F S
6 – L'argent n'a pas d'odeur .... V F S
7 – L'oisiveté est la mère de tous les vices .... V F S
8 – Qui aime bien châtie bien .... V F S
9 – Un homme bon dit toujours la vérité .... V F S
10 – Toute peine mérite salaire .... V F S
11 – Heureux au jeu, malheureux en amour .... V F S
12 – Les bons comptes font les bons amis .... V F S
13 – Qui vole un œuf vole un bœuf .... V F S
14 – Qui se ressemble, s'assemble .... V F S
15 – Ce que croit la majorité des savants s'appelle la science...... V F S
16 – Tuer, c'est commettre un meurtre .... V F S
17 – L'argent, c'est le mal .... V F S
18 – Rien n'est aussi sacré que l'Amour .... V F S
19 – Être intelligent c'est savoir réussir .... V F S
20 – Bien mal acquis ne profite jamais .... V F S
21 – Qui peut le plus peut le moins .... V F S

Déroulement

L'animateur s'assure que tout le monde a fini de remplir son questionnaire. Puis il invite les membres du groupe à mettre en commun leurs résultats. Il peut, par exemple, passer en revue les 21 propositions et demander aux participants de lever la main lorsqu'ils ont entouré le V ou le F. S'il y a unanimité sur le V ou le F, faire expliquer sommairement ce que les gens ont compris afin de déceler les malentendus éventuels, cachés sous un accord. S'il n'y a pas unanimité de réponse, donner la parole à quelques membres de la minorité et amorcer une discussion de groupe pour analyser les sources de divergences.

Remarques générales

Le choix systématique de la lettre V est souvent commandé par des représentations de type affectif entraînant des généralisations hâtives.

Le choix fréquent de la lettre F peut indiquer un souci de relativisation, de mise à distance des problèmes.

Les différences de perception peuvent s'expliquer de bien des façons :

- caractéristiques individuelles (personnalité, systèmes de références personnelles, éducation, expérience, préjugés, clichés),
- difficultés *liées au langage lui-même* (ambiguïté, codage et décodage des modèles culturels, problèmes sémantiques),
- importance de la situation dans laquelle est vécu cet exercice (statut et rôle social, motivations des participants).

On amorcera une discussion sur les difficultés liées à la communication. Les mêmes expressions très banales ne signifient pas la même chose pour tout le monde. Chacun peut y projeter à loisir son univers de références.

Observations personnelles

Le genre de personne qui…

Objectifs

- Confronter les perceptions réciproques des membres d'un groupe.
- Prendre conscience de l'écart éventuel entre auto et hétéro-perception.

Matériel

- Papier et crayons pour tous.
- Tableau assez large.

Déroulement

- Nombre de participants : 8 à 12.
- Durée : 1 h 30 environ.
- Après un temps minimum de vie commune (quelques heures), les participants sont invités à inscrire sur un papier, de façon anonyme, quatre caractéristiques personnelles importantes à leurs yeux pour les décrire. L'animateur demandera de trouver autant que possible des traits personnels (caractère, tempérament, psychologie...) plutôt que de citer des données (âge, sexe, profession, état-civil...) trop évidentes. On peut choisir quatre adjectifs qualificatifs, ou commencer la confidence par la phrase : « Je suis le genre de personne qui... »
- L'animateur ramasse les papiers dans une boîte, les mélange soigneusement puis inscrit leur contenu au tableau par ordre d'apparition.

Exemple de tableau :

Ordre d'apparition	1	2	3	4	etc.
	sensible effronté généreux distrait	doux cynique méfiant paresseux			

- Chacun reprend un papier et tente de mettre des noms en face des numéros.
- L'animateur récupère ces nouveaux papiers et inscrit au tableau les noms cités en dessous des colonnes correspondantes. Une discussion pourra s'ensuivre sur les aspects subjectifs et « objectifs » des perceptions réciproques.

Observations personnelles

Les rôles dans la vie

« Le monde est une scène
Hommes et femmes n'y sont que des acteurs
Ils y font leur entrée, ils y font leur sortie
Et chaque homme en son temps doit jouer plusieurs rôles. »

W. SHAKESPEARE

OBJECTIFS

- Sensibiliser les participants à la notion de « rôle ».
- Amorcer une réflexion sur les déterminismes sociaux.

MATÉRIEL

- Crayons, papier,
- tableau.

DÉROULEMENT

- 8 à 12 participants.
- 1 heure environ.

1. L'animateur introduit et définit sommairement la notion de rôle en psychologie sociale (cf. LINTON).
2. Il invite les participants à illustrer son propos à l'aide de leurs propres exemples. Chacun inscrit sur une feuilles les rôles qu'il est amené à jouer fréquemment dans sa vie actuelle.
3. Chacun tente d'apprécier subjectivement les rôles énumérés par ses soins sur une échelle en 5 points (– –, –, ±, +, + +) traduisant le degré d'insatisfaction ou de satisfaction que lui procurent ces rôles.
4. Chacun peut essayer de classer ses rôles par ordre décroissant d'importance relative qu'ils ont dans la réalité (quels que soient les critères pouvant rendre compte du classement).
5. Chacun peut hiérarchiser ses rôles selon l'importance relative qu'il aimerait leur attribuer dans l'idéal.
6. Chacun dégage les rôles compatibles entre eux et les rôles qu'il estime difficilement compatibles ou totalement incompatibles.
   (Ex. : travail à plein temps et femme au foyer).

7. Chacun regroupe les rôles qu'il juge complémentaires.
8. Chacun regroupe les rôles qu'il juge conflictuels.

Remarques générales

On peut relever au tableau les résultats individuels en trouvant des représentations adéquates.

Ex. : n° 2 et n° 3.
Relevé des principaux rôles du groupe ; souligner ceux qui sont cités plus d'une fois.

(– –)	(–)	(+ –)	(+)	(+ +)
Contribuable	Subordonné	Frère	Père	Mari

Ex. : n° 4 et n° 5.
Le classement peut se faire par petits groupes qui tentent de se mettre d'accord ; une confrontation finale peut s'ensuivre.

groupe 1	Réalité	Idéal	groupe 2	Réalité	Idéal
Rôles	Employé Subordonné	Vacancier Père Époux			

Ex. : n° 6, n° 7 et n° 8.

- Liste au tableau des ensembles de rôles jugés compatibles (non contradictoires).
- Liste (terme à terme) de rôles estimés incompatibles.
- Liste (terme à terme) de rôles estimés conflictuels.

- Liste (terme à terme) de rôles estimés complémentaires. On peut représenter les rôles par des cercles d'inégale importance et de couleurs différentes, ex. :

- L'animateur résumera à la fin de la séance les principaux résultats en resituant le problème dans le cadre plus général des déterminismes ou conditionnements sociaux (normes, marginalité, déviance...).
- On peut introduire ici une réflexion sur l'analyse transactionnelle.

Observations personnelles

Clichés et stéréotypes

Objectifs

- Faire émerger une série de stéréotypes, clichés, images spontanées et toutes faites d'un groupe de participants.
- Montrer le phénomène de polarisation positive ou négative de ces stéréotypes.
- Explorer l'univers culturel du groupe et son impact sur les représentations de ses membres.

Matériel

- Papier et crayons pour tous.
- Tableau large, craies.

Déroulement

- 8 à 12 participants.
- 1 heure environ.

1) L'animateur choisit avant de commencer une série de mots tirés d'un univers particulier (loisirs, travail, famille, etc.) et si possible « chargés émotionnellement » pour les membres du groupe (c'est-à-dire assez proches de leurs préoccupations).

Il présente l'exercice comme un test d'imagination.

2) Consignes : « Je vais écrire un mot au tableau. Vous écrirez aussitôt sur votre feuille (individuellement, en silence), les quatre adjectifs qui vous viendront spontanément à l'esprit pour qualifier ce mot. Vous les disposerez en colonne, les uns sous les autres ».
3) L'animateur aura soin d'inscrire le mot au tableau en haut et à gauche, laissant la place à d'autres mots qui suivront.

Exemple de quelques mots évocateurs, en général argent – sexe – religion – politique – droite – gauche – police – plaisir – lois, etc.

Ou en particulier : patrons – cadres – agents de maîtrise – employés – ouvriers – syndicats, etc.

Ou encore : commerciaux – informaticiens – comptables – ingénieurs – administratifs, etc.

4) L'animateur, après quelques minutes laissées au groupe, invite les participants à recommencer l'opération avec un autre mot. Il en inscrira ainsi 4 ou 5 successivement. Il les placera côte à côte en ligne, au sommet du tableau.

Observations

5) L'étape suivante consiste à demander aux participants de coder tous leurs adjectifs : par le signe (+) s'ils estiment qu'il évoque une qualité positive ou favorable et (–) s'il évoque une caractéristique négative ou défavorable.
6) L'animateur prépare alors le tableau de la façon suivante :

Exemple :

commerciaux		financiers		administratifs		ingénieurs	
+ Éloquents	– Légers	+ Compétents	– Joueurs	+ Organisés	– Tatillons	+ efficaces	– Polarisés

Il fait le tour des membres du groupe et relève dans la colonne adéquate les réponses.
Si un adjectif est cité plusieurs fois dans une même colonne, le souligner en conséquence (1 trait = 1 citation).

Remarques générales

On obtient donc une sorte de « portrait-robot » fait des représentations spontanées du groupe.

Lorsqu'un adjectif est souvent souligné, on peut parler de « stéréotype » et tenter d'analyser l'origine culturelle consciente ou inconsciente de cette convergence de vues. Le stéréotype est un jugement de valeur qui surgit automatiquement quand le contexte en favorise l'expression. Il concerne en général et d'abord, un autre groupe que celui auquel nous appartenons nous-mêmes. Il induit nos opinions en positif ou en négatif, a priori, sans laisser place à la réflexion.

L'animateur amorcera une discussion sur les notions de préjugé, stéréotype, cliché, etc. en référence aux modèles culturels ambiants et aux déterminismes sociaux plus généraux.

Observations personnelles

Références

LAVERRIÈRE (J.), SANTUCCI (M.), SIMONET (R.), *Formation à l'expression écrite et orale, 100 fiches*, Éditions d'Organisation, 2e édition 2002.

Groupe – Valeurs dominantes et marginalité

Objectifs

- Mettre l'accent sur les phénomènes de « norme » de marginalité et de déviance.
- Réfléchir sur les stéréotypes.

Matériel

- 2 tableaux de papier (mobiles).
- Papier, crayons pour tous.

Déroulement

- 8 à 12 participants + 1 ou 2 observateurs.
- 1 h 30 environ.

L'animateur propose à l'avance deux tableaux de papier :

1) Sur l'un d'eux, qu'on remplira en inscrivant dans chaque colonne le nombre de participants ayant répondu à la question, prévoir la disposition suivante :

		N° DES RÉPONSES						
N° DES QUESTIONS		1	2	3	4	5	6	7
Ex.	1	5	0	0	3	0	1	3
	2							
	3							
	4							
	5							
	6							
	7 etc. jusqu'à 20							

N. B. – Tenir ce tableau à l'abri des regards jusqu'au moment de l'exploitation des résultats.

2) Sur l'autre, préparer 20 feuilles successives numérotées au sommet de 1 à 20. Sur chacune d'elles figurent par écrit 7 réponses possibles à la question posée au groupe et énoncée en haut de page :

Exemple :

N° 1
Le plus difficile à supporter
1 – La faim
2 – Le froid
3 – La fatigue
4 – La chaleur
5 – L'inertie
6 – L'humiliation
7 – La maladie

- L'animateur montre la première feuille aux participants. Il lit lentement la question puis les 7 réponses proposées. Il leur demande de choisir une des réponses possibles et d'en inscrire le numéro et le libellé sur un petit morceau de papier découpé à cet effet. Les participants répondent en silence et remettent leur papier à un observateur. Celui-ci reporte les résultats sur le tableau soustrait de la vue des participants afin d'éviter qu'ils s'influencent mutuellement.
- L'animateur procédera de façon identique pour les autres questions figurant sur les autres feuilles. À la fin des 20 questions, l'animateur présente le tableau récapitulatif au groupe. On repérera avec l'aide des membres du groupe ceux dont les réponses sont souvent « confondues » avec celles de la majorité et ceux pour lesquels elles se trouvent plutôt « minoritaires » ou marginales. On voit très vite les priorités adoptées par le groupe et une réflexion pourra s'ensuivre sur la notion de « marginalité ».

N.B. – On peut, pour accélérer le processus, faire voter les participants à main levée au risque de laisser jouer certaines influences réciproques.

LISTES DES QUESTIONS SUIVIES DES RÉPONSES À CHOISIR.

[1] Qu'est-ce qui est pour vous le plus difficile à supporter ?
1. La faim – 2. Le froid – 3. La fatigue – 4. La chaleur – 5. L'inertie – 6. L'humiliation – 7. La maladie.

[2] Quel serait votre plat préféré ?
1. Choucroute – 2. Cassoulet – 3. Steak frites – 4. Paella – 5. Blanquette de veau – 6. Pot-au-feu – 7. Couscous mouton.

[3] Quelle qualité appréciez-vous le plus chez vos camarades ?
1. La franchise – 2. Le courage – 3. L'authenticité – 4. La décontraction – 5. L'intelligence – 6. La rigueur – 7. La disponibilité.

[4] Quelle est la vedette que vous préférez au cinéma ?
1. J.-P. Belmondo – 2. Alain Delon – 3. Lambert Wilson – 4. Daniel Auteuil – 5. Christophe Lambert – 6. Gérard Depardieu – 7. Richard Bohringer.

5 Quel est votre journal favori ?
1. Le Figaro – 2. La Croix – 3. Le Parisien. – 4. Le Monde – 5. l'Équipe – 6. Libération – 7. L'Humanité.

6 Votre utilisation de 50 000 Euros gagnés à la loterie ?
1. Voiture – 2. Épargne logement – 3. Fêtes – 4. Voyage autour du monde – 5. Bateau – 6. Terrain – 7. Vie de tous les jours.

7 À quoi est le plus souvent due la réussite sociale ?
1. À l'héritage – 2. Aux talents exceptionnels – 3. À la chance – 4. À la volonté acharnée – 5. Au désir des parents – 6. Au piston – 7. Aux opportunités saisies.

8 Qui a le plus de prestige à vos yeux ?
1. Le héros militaire – 2. Le prix Nobel – 3. Le chef d'entreprise – 4. Le pilote d'essai – 5. Le médaillé olympique – 6. Le père de famille nombreuse – 7. Le chef d'État.

9 Ce que vous n'aimez surtout pas ?
1. Les dettes – 2. Le désordre – 3. Les gens pas sérieux – 4. Les intellectuels – 5. Les gens sérieux – 6. Les technocrates – 7. Les travailleurs immigrés.

10 Quel est votre programme préféré à la télévision ?
1. Les westerns – 2. Les actualités sportives – 3. Un feuilleton – 4. Une série policière – 5. Un jeu télévisé – 6. Une émission de variétés – 7. Une table ronde sur la politique.

11 Quel est le péché capital que vous supportez le moins chez les autres ?
1. La paresse – 2. L'avarice – 3. La luxure – 4. La gourmandise – 5. La médisance – 6. L'orgueil – 7. L'envie.

12 Quelle île préféreriez-vous visiter pendant vos vacances ?
1. La Corse – 2. Tahiti – 3. Majorque – 4. Capri – 5. Jersey – 6. Bali – 7. La Martinique.

13 Quel type de sport aimeriez-vous pratiquer pendant vos loisirs ?
1. Ski nautique – 2. Vol à voile – 3. Cross-country – 4. Pilotage automobile – 5. Boxe – 6. Judo – 7. Chasse au sanglier.

14 Quelle décoration préféreriez-vous suspendre aux murs de chez vous ?
1. Tableau abstrait non figuratif – 2. Agrandissement d'une photo de famille – 3. Reproduction d'un maître hollandais – 4. Tableau d'un peintre ami pas très connu – 5. Tableau de nu – 6. Reproduction d'une peinture impressionniste – 7. La mer à l'île de Sein.

15 Quel est, à votre avis, l'homme d'État le plus important du XXe siècle ?
1. Mao Tse Toung – 2. De Gaulle – 3. Staline – 4. Roosevelt – 5. Hitler – 6. Ho Chi Min – 7. Churchill.

16 Quelle est la valeur qui compte le plus pour vous ?
1. Justice – 2. Beauté – 3. Liberté – 4. Égalité – 5. Espérance – 6. Fraternité – 7. Bonheur.

17 Être heureux, c'est avant tout :
1. Être puissant – 2. Avoir de l'argent – 3. Aimer et être aimé – 4. Se contenter de ce qu'on a – 5. Être reconnu – 6. Se rendre utile – 7. S'adonner à tous les plaisirs.

18 Les étrangers les plus sympathiques sont :
1. Les Anglais – 2. Les Espagnols – 3. Les Allemands – 4. Les Belges – 5. Les Italiens – 6. Les Suisses – 7. Les Américains.

19 Quelle est la marque de voiture qui vous tenterait le plus ?
1. Mercedes – 2. Renault – 3. Toyota – 4. B.M.W. – 5. Peugeot – 6. Alfa-Romeo – 7. Jaguar.

20 Quel est le type de femme que vous préférez ?
1. Catherine Deneuve – 2. Isabelle Adjani – 3. Juliette Binoche – 4. Emmanuelle Béart – 5. Audrey Tautou – 6. Claudia Schiffer – 7. Sophie Marceau.

Remarques générales

On s'attachera à repérer les répondeurs isolés et à vérifier avec eux la fréquence de leur isolement. Il convient d'être prudent dans l'exploitation des résultats si les personnalités désignées comme « marginales » ont du mal à supporter le fait.

Variante : Ce peut être une bonne indication pour utiliser l'Abaque de Régnier (fiche n° 34).

Observations personnelles

Recueil d'opinions sur les femmes

Objectifs

- Faire émerger les systèmes de références des participants (opinions, attitudes, préjugés, stéréotypes, clichés...).
- Prendre conscience des difficultés inhérentes à l'élaboration d'un consensus.
- Réfléchir sur le processus d'influence et ses limites.

Matériel

Une liste de 21 propositions pour chaque membre du groupe.

Déroulement

Dans un premier temps, les participants lisent individuellement les consignes et le contenu de l'exercice.

Chacun tente de répondre par écrit.

Dans un deuxième temps, ils sont invités à se mettre d'accord (consensus) sur quelques propositions en discutant entre eux. Les points d'accord comme le désaccord doivent être expliqués en commun.

L'organisation est totalement libre.

Durée de l'exercice : 1 h 30 ou plus.

Feuille individuelle :

Vous trouverez ci-dessous une liste de 21 opinions concernant les femmes. Votre rôle consiste à apprécier, dans la marge de droite, ces propositions à l'aide de l'échelle suivante :

A – Tout à fait d'accord
B – D'accord
C – Incertain
D – Pas d'accord
E – Tout à fait contre

1. Pour un travail égal, hommes et femmes devraient recevoir le même salaire.
2. Les reproches que l'on fait souvent aux femmes d'être trop bavardes, émotives et peu logiques sont des inventions masculines.
3. La femme est par tradition, par éducation et par commodité une prostituée légale.
4. Toute femme devrait pouvoir exiger la garde gratuite de ses enfants durant la journée.

5. On devrait interdire formellement l'usage en publicité du sex-appeal féminin.
6. S'il y a de plus en plus de femmes qui travaillent c'est par souci de distraction, pour sortir de chez elles, voir des gens, ou pour pouvoir s'offrir une petite robe à la dernière mode.
7. Les maternités ne devraient pas être des obstacles à la poursuite d'une carrière.
8. C'est de leur faute si les femmes, majoritaires dans le pays, ne sont pas représentées comme elles devraient l'être.
9. Les femmes sont par nature portées au masochisme et à la passivité.
10. Bien que devenu légal, l'avortement ne sera jamais moral.
11. Les femmes constituent l'élément stable et conservateur de la plupart des sociétés.
12. L'instinct maternel est la seule garantie de l'épanouissement des enfants en bas âge.
13. La galanterie vis-à-vis des femmes est une forme subtile de mépris.
14. Travailler, cesser de faire l'enfant et de faire la bête, c'est encore pour beaucoup de femmes non seulement un effort mais une source de culpabilité ou de conflits avec son mari.
15. Chacun son domaine d'élection, la femme crée l'enfant, l'homme crée le monde.
16. Une femme qui travaille à l'extérieur de chez elle est rarement une *vraie* femme.
17. Les usages en matière d'emploi en France sont discriminatoires pour les femmes même au niveau des petites annonces.
18. Grâce à leur sensibilité, leur intuition et leur sens du contact, les femmes se révèlent souvent supérieures aux hommes dans les emplois qui ne nécessitent pas d'autorité ou de force brutale.
19. Ce n'est pas forcément par oppression mais souvent par choix que l'épouse se prélasse chez elle tandis que son mari se crève pour la nourrir.
20. L'information sur le contrôle des naissances devrait être fournie à l'école à toutes les filles au-dessus de 12 ans.
21. Entre elles, les femmes ne peuvent s'empêcher de se montrer jalouses et mesquines.

Remarques générales

À l'issue de la discussion, on tentera avec le groupe :

1 – de repérer la méthode de travail adoptée :

- procédure ou absence de procédure,

- regroupement ou non des propositions allant dans le même sens (dégagement d'une philosophie),
- synthèse, conclusion ;

2 – de situer la structuration formelle ou informelle du groupe (présence de leader, rôles masculins et féminins, partisans de tendances dures ou conciliatrices, féministes ou traditionalistes, importance des statuts et des rôles joués) ;

3 – de faire la part des systèmes de valeurs, cadres de références, modèles culturels, conditionnements et déterminismes, mis en jeu. Tenter de dégager les « logiques » qui sous-tendent les différentes positions prises dans le groupe (postulats et conséquences...) ;

4 – de sensibiliser les participants aux malentendus de toutes sortes : interprétation du sens des mots, présence de plusieurs éléments dans une seule proposition, contenu équivoque des « accords » trop rapides ou des désaccords massifs...

5 – de réfléchir sur la fragilité des « consensus » (accords unanimes) obtenus par des discussions intellectuelles lorsque des valeurs culturelles, morales, religieuses, politiques, idéologiques sont mises en jeu et souvent imprègnent les participants à leur insu.

6 – de constater si la discussion a fait évoluer ou non les différentes positions individuelles prises au départ et d'amorcer une réflexion sur le changement social.

Obversations personnelles

Recueil d'opinions sur le management

Objectifs

- Faire émerger les systèmes de références des participants.
- Prendre conscience des difficultés d'élaboration d'un consensus.
- Réfléchir sur le processus d'influence et ses limites.

Matériel

- Une liste de 24 propositions pour chaque participant.
  - Crayons.

Déroulement

- Chaque participant est invité à remplir individuellement une feuille de propositions.
- Les membres du groupe ont ensuite pour objectif de se mettre d'accord (par consensus) sur quelques propositions en discutant entre eux. Les points d'accord comme de désaccord doivent être expliqués en commun.
- L'organisation des débats est laissée à l'initiative des membres du groupe. L'animateur arrêtera la discussion après une période d'une heure trente environ.

Liste des propositions :

« Vous trouverez ci-dessous une liste de 24 opinions concernant "le management" au sens large. Votre rôle consiste à apprécier dans la marge ces propositions à l'aide de l'échelle suivante » :

1. Manager c'est avant tout faire faire des bénéfices à ses actionnaires, le « bonheur » du personnel passe après.
2. Les vrais managers ne sortent pas des écoles de management, ils proviennent de l'école de la vie qui leur a appris à affronter la réalité.
3. Les personnes sont ainsi faites qu'elles préfèrent le plus souvent un management autoritaire.
4. Un « bon » manager devrait fixer les lignes stratégiques et n'intervenir qu'au moment de l'analyse des résultats.
5. Le personnel croit toujours avoir beaucoup d'idées, l'immense majorité de celles-ci sont inutilisables pour l'entreprise.
6. La fonction essentielle du manager est de former ses subordonnés pour qu'ils puissent s'autonomiser au maximum.

7. La transparence de l'information est un mythe : le manager doit savoir cacher un bon nombre d'informations à son personnel.
8. Les seuls managers valables sont ceux qui savent d'expérience à quoi correspond un prix de revient.
9. C'est la suffisance qui pousse certains subordonnés à croire qu'il sont aussi compétents que leur chef.
10. Une entreprise doit écrire sa charte de valeurs et « éliminer » toute personne qui s'en écarterait.
11. Les meilleures promotions devraient aller à ceux qui savent obéir sans discuter.
12. Peu importe la place des personnes dans l'entreprise, la structure doit tout faire pour s'adapter au marché.
13. En majorité on peut dire que les managers se soucient moins du personnel que de l'argent qu'ils sont à même de gagner.
14. C'est finalement l'héritage social qui désigne les managers.
15. Tout manager doit n'avoir qu'un but devenir progressivement inutile.
16. Un bon manager doit être continuellement préoccupé par son ascension dans la hiérarchie.
17. La promotion interne, idée généreuse, finit par rendre l'entreprise inefficace.
18. La carotte et le bâton sont les seuls véritables outils de motivation efficace.
19. Le manager doit entretenir chez le personnel l'esprit de compétition : quitte à créer des conflits même artificiels.
20. Le désir du patron doit être la seule loi de l'entreprise.
21. Taylor avait raison, il y a bien dans l'entreprise ceux qui pensent et ceux qui exécutent et c'est démagogique de croire le contraire.
22. Il n'est pas illogique de tout sacrifier à sa réussite dans l'entreprise. Cette réussite là en vaut bien une autre.
23. Un manager n'a pas besoin de savoir faire grand-chose à condition qu'il sache bien s'entourer.
24. Mensonges et promesses non tenues font nécessairement partie de la panoplie du manager.

Remarques générales

À l'issue de la discussion on tentera avec le groupe et les observateurs s'il y en a :

1. De repérer la méthode de travail adoptée :
   - procédure ou absence de procédure,

- regroupement ou non des propositions allant dans le même sens (dégagement d'une philosophie),
- synthèse, conclusion.

2. De situer la structuration formelle ou informelle du groupe (présence d'un leader, de managers, de subordonnés, partisans de tendances libérales ou conservateurs, importance des statuts et des rôles joués).
3. De faire la part des systèmes de valeurs, cadres de références, modèles culturels, conditionnements et déterminismes mis en jeu. Tenter de dégager les « logiques » qui sous-tendent les différentes positions prises dans le groupe (postulats et conséquences).
4. De sensibiliser les participants aux malentendus de toutes sortes : interprétations du sens des mots, présence de plusieurs éléments dans une seule proposition, contenu équivoque des « accords » trop rapides ou des désaccords massifs...
5. De réfléchir sur la fragilité des « consensus » (accords unanimes) obtenus par des discussions intellectuelles lorsque des valeurs culturelles, religieuses, morales, politiques, idéologiques sont mises en jeu et souvent imprègnent les participants à leur insu.
6. De constater si la discussion a fait évoluer ou non les différentes positions individuelles prises au départ.

Observations personnelles

Diagnostic sur l'entourage

Objectifs

- Rassembler, à l'intérieur d'une organisation ou d'une entreprise, les perceptions concernant différents niveaux hiérarchiques.
- Déceler et étudier la relativité des phénomènes de « distance sociale » introduite spontanément par les membres d'une organisation.

Matériel

- Une liste par personne.
- Crayons, papier, tableau.

Déroulement

Cet exercice sera fait avec profit par des membres d'une même organisation. (Séminaire intra-entreprise) car il suppose un minimum de références communes.

- 15 participants environ.
- Durée : 1 h 30.

Consignes

L'organisation ou l'entreprise à laquelle vous appartenez comporte des niveaux hiérarchiques différents.

Nous nous intéresserons à cinq d'entre eux :

A – Le niveau le plus élevé (P.D.G., patrons ou équivalents).

B – Le niveau de votre supérieur direct.

C – Le niveau de vos collègues (identique au vôtre).

D – Le niveau de vos collaborateurs (situés juste sous vos ordres).

E – Le niveau des personnes dont le statut est le moins élevé.

Votre tâche va consister à tenter de caractériser chacun de ces niveaux hiérarchiques à l'aide de la liste d'adjectifs qualificatifs ci-dessous.

À côté de chaque adjectif proposé, figurent 7 tirets représentant une graduation allant du minimum (0) au maximum (6).

Selon votre propre façon de percevoir les niveaux hiérarchiques qui vous entourent, inscrivez les lettres A, B, C, D, E qui les représentent (en moyenne) sur les tirets les plus appropriés.

Par exemple, l'adjectif « RÉMUNÉRÉ » pourrait vous inspirer ceci :

Rémunéré : E D _ C B _ A
0 1 2 3 4 5 6

Si vous avez l'impression que plusieurs niveaux partagent la même graduation, groupez les lettres correspondantes sur un seul tiret.

Pour les mots :

EFFICACE _ _ _ _ _ _ _
0 1 2 3 4 5 6

DYNAMIQUE _ _ _ _ _ _ _
0 1 2 3 4 5 6

JUSTE _ _ _ _ _ _ _
0 1 2 3 4 5 6

PRÉCIS _ _ _ _ _ _ _
0 1 2 3 4 5 6

RAPIDE _ _ _ _ _ _ _
0 1 2 3 4 5 6

HUMAIN _ _ _ _ _ _ _
0 1 2 3 4 5 6

ORGANISÉ _ _ _ _ _ _ _
0 1 2 3 4 5 6

SOUPLE _ _ _ _ _ _ _
0 1 2 3 4 5 6

OUVERT _ _ _ _ _ _ _
0 1 2 3 4 5 6

COMPRÉHENSIF _ _ _ _ _ _ _
0 1 2 3 4 5 6

DISPONIBLE _ _ _ _ _ _ _
0 1 2 3 4 5 6

RESPONSABLE _ _ _ _ _ _ _
0 1 2 3 4 5 6

COMPÉTENT _ _ _ _ _ _ _
0 1 2 3 4 5 6

RENTABLE _ _ _ _ _ _ _
0 1 2 3 4 5 6

HONNÊTE _ _ _ _ _ _ _
0 1 2 3 4 5 6

PRÉVOYANT _ _ _ _ _ _ _
0 1 2 3 4 5 6

CRÉATIF _ _ _ _ _ _ _
0 1 2 3 4 5 6

FIABLE _ _ _ _ _ _ _
0 1 2 3 4 5 6

AUDACIEUX _ _ _ _ _ _ _
0 1 2 3 4 5 6

TRAVAILLEUR _ _ _ _ _ _ _
0 1 2 3 4 5 6

Une fois chaque niveau hiérarchique situé à travers les différentes graduations correspondant aux adjectifs, reliez les mêmes lettres à l'aide de traits de même couleur. Vous obtiendrez ainsi cinq courbes. Les commentaires porteront sur l'analyse des écarts et des regroupements entre ces cinq courbes.

Remarques générales

On pourra s'interroger notamment sur :

1) La similitude ou la grande différence de répartition des courbes portant sur un même niveau hiérarchique (parmi les participants).
Relevez au tableau la somme des points attribués dans le groupe à chaque niveau pour chaque adjectif.

Ex. : EFFICACE (pour un nombre de participants de 15)
A = 54
B = 45
C = 44
D = 30
E = 14

Tableau possible :

	A	B	C	D	E
EFFICACE	54	45	44	30	14
DYNAMIQUE					
JUSTE					

2) La place réservée au niveau correspondant aux participants (et à leurs collègues). Les écarts creusés avec les niveaux inférieurs et supérieurs sont à analyser. On constate parfois la tendance à se « coller » près de son chef et à introduire une distance importante avec ses subordonnés directs.
3) Les perceptions réciproques des niveaux hiérarchiques (attentes, anticipations, illusions).

Variantes

1) On constitue cinq sous-groupes. Chacun aura à apprécier (par consensus) les positions d'un seul des niveaux hiérarchiques. On collectera les cinq courbes à la fois au tableau pour entamer la discussion. On perd néanmoins l'intérêt de la relativité des écarts posés par un même décideur.

2) Quatre groupes se partagent la liste des adjectifs et se mettent d'accord sur 5 adjectifs par groupe. L'exploitation sera du même ordre que pour le cas principal.

Observations personnelles

Professions et images sociales

Objectifs

- Évaluer et comparer la « cote » de certains métiers à la « bourse » des valeurs culturelles et sociales.
- Montrer l'importance des représentations sociales dans un processus de décision de groupe.

Matériel

- Une feuille sur laquelle figure le tableau n° 1 pour tous les participants.
- Un tableau et de quoi écrire.
- Une salle assez grande, ou deux petites salles.

Déroulement

- 12 participants.
- 1 h 30 environ.

Le groupe se scinde en deux parties égales A et B. L'animateur distribue le tableau 1 (ci-dessous) à tous les participants.

TABLEAU N° 1

Professions	Prestige		Utilité		Sympathie		Classements individuels		
	OUI	NON	OUI	NON	OUI	NON	P	U	S
1. Footballeur (vedette).									
2. Professeur agrégé de droit.									
3. Directeur de banque privée.									
4. Chanteur célèbre.									
5. Infirmière (AP).									
6. Inspecteur de police.									
7. Patron de café hôtel.									
8. Cantonnier de village.									
9. Vétérinaire (à son compte).									
10. Journaliste (quotidien).									
11. Chef cuisinier (réputé).									
12. Secrétaire d'État.									
13. Vendeur (V.R.P.).									
14. Chercheur en biochimie.									
15. Colonel de l'armée de l'air.									
16. Plombier (à son compte).									
17. Ingénieur (production).									

Puis il donne à chaque groupe une feuille de consignes particulières.

I – Consignes particulières au groupe A

Vous tenterez d'évaluer les 17 professions ci-jointes :

1 – En traduisant individuellement et en silence les impressions qu'elles vous inspirent (concernant leur prestige, leur utilité et leur coefficient de sympathie) par des avis positifs ou négatifs. Des croix sont à inscrire dans les colonnes préparées à cet effet. Elles exprimeront votre point de vue, en regard des différentes professions.

2 – En vous livrant à un exercice de classement dégressif (de 1 à 17) dans les 3 dernières colonnes. Ces classements synthétiseront vos opinions (prestige, utilité, sympathie) sur ces différents métiers. Une fois les classements établis, chacun veillera à ne plus les modifier et à les conserver jusqu'à la fin de l'exercice.

3 – En vous réunissant avec les membres de votre groupe, pour l'élaboration en commun d'un classement unique des 4 professions jugées par vous les plus prestigieuses d'abord, les plus utiles ensuite et les plus sympathiques enfin. Ce classement dégressif se poursuivra par celui des 4 professions les moins prestigieuses, les moins utiles et les moins sympathiques selon vous.

4 – En essayant d'imaginer, en équipe, comment un groupe de polytechniciens[1] aurait vraisemblablement classé ces professions par ordre décroissant d'intelligence d'abord et de revenus ensuite.

II – Consignes particulières au groupe B

Vous tenterez d'évaluer les 17 professions présentées dans le tableau 1 ci-joint.

À titre indicatif voici deux classements établis par un groupe de polytechniciens : l'un concerne leur estimation de l'intelligence requise pour exercer ces professions et l'autre, l'appréciation de leurs revenus respectifs.

1. On remplacera le cas échéant les polytechniciens par un groupe particulièrement prestigieux *a priori* aux yeux des participants.

*TABLEAU N° 2**

PROFESSIONS	INTELLIGENCE (QI)	REVENUS (Fortune)
1. Footballeur (vedette).	16	2
2. Professeur agrégé de droit.	3	12
3. Directeur de banque privée.	1	3
4. Chanteur célèbre.	11	1
5. Infirmière (assistante publique).	12	16
6. Inspecteur de police.	9	15
7. Patron de café hôtel.	10	4
8. Cantonnier de village.	17	17
9. Vétérinaire (à son compte).	6	6
10. Journaliste (quotidien).	8	11
11. Chef cuisinier (réputé).	14	7
12. Secrétaire d'État.	2	8
13. Vendeur (V.R.P.).	13	9
14. Chercheur en biochimie.	4	14
15. Colonel de l'armée de l'air.	7	13
16. Plombier (à son compte).	15	5
17. Ingénieur (production).	5	10

Votre tâche consistera dans un premier temps à remplir le tableau n° 1 (en silence et individuellement)

1) En traduisant les impressions que les professions citées vous inspirent (concernant leur prestige, leur utilité, et leur coefficient de sympathie) par des avis positifs et négatifs. Une série de croix inscrites dans les colonnes adéquates exprimeront votre point de vue vis-à-vis de ces différentes professions.
2) En vous livrant à un exercice de classement dégressif de ces professions (de 1 à 17) dans les 3 dernières colonnes (intitulées : prestige, utilité et sympathie).

Ces classements synthétiseront votre opinion sur ces différents métiers. Chacun devra veiller à ne plus modifier ses classements individuels et à les conserver jusqu'à la fin de l'exercice.

Dans un deuxième temps, vous vous réunirez avec les membres de votre groupe pour vous mettre d'accord (consensus) sur une liste commune des 4 « premières » et des 4 « dernières » professions pour chaque critère (prestige, utilité et sympathie).

(*) Le tableau 2 est fantaisiste : il n'a bien sûr pas été élaboré par des polytechniciens.

III - Phase d'exploitation

1) Réflexion sur le prestige, l'utilité et le coefficient de sympathie des métiers et des professions en général. Il apparaît que le niveau de prestige d'une fonction sociale ne correspond pas forcément à l'importance des responsabilités qu'elle implique, ni à son degré d'utilité perçu, ni aux sentiments de sympathie qu'elle inspire, ni à l'intelligence qu'elle requiert, ni encore aux revenus qu'elle entraîne.

Exemple de tableau :

TABLEAU N° 3

Participants	Classement : des professions / Prestige			
	1	2	16	17
1 2 3 4 5 6 7 8 9 10 11 12				

L'analyse des écarts entre ces résultats individuels peut faire l'objet d'une réflexion particulière. L'animateur procède à un tour de table en demandant à chacun de lui annoncer pour chaque classement ses 2 premiers et ses 2 derniers choix. Il relèvera au tableau ces données, au vu de tous, en demandant quelques mots d'explication ; on situera notamment à partir de quel rang chaque participant est passé du « oui » au « non » pour spécifier son point de vue sur les professions à partir d'un critère.

2) *Comparaison des résultats des deux groupes.*
Classement des professions les plus favorables :
P. Prestige
U. Utilité
S. Sympathie

TABLEAU N° 4

	1			2			3			4		
	P	U	S	P	U	S	P	U	S	P	U	S
Groupes A												
Groupes B												

Classement des professions les plus défavorables.

	14			15			16			17		
	P	U	S	P	U	S	P	U	S	P	U	S
Groupes A												
Groupes B												

Les différences entre ces différents classements peuvent conduire à une réflexion sur les déterminismes sociaux et leur impact sur les opinions.
L'élaboration d'un consensus de groupe, à propos du classement de ces professions, peut permettre d'introduire toute une série de notions (idéologie, cadre de référence, système de valeurs, dissonance cognitive, statut, rôle, préjugés, stéréotypes, attitudes, opinions...).
On notera avec intérêt l'incidence du tableau n° 2 sur les choix du groupe B. Les classements ont-ils subi une attraction « positive » en conformité avec ceux (des « polytechniciens ») du groupe à fort prestige social (malgré la différence des critères : prestige, utilité, sympathie d'une part, et intelligence, fortune d'autre part) ?

Variantes

On pourrait offrir au groupe « B » comme référence les résultats d'une équipe dont l'image serait apparue franchement négative *a priori* : la tendance du groupe à se démarquer d'un modèle répulsif aurait permis une analyse différente.

Remarques générales

Une trop grande différence d'opinions entre le classement d'un groupe « modèle » cité en référence et le système de valeurs du groupe effectuant l'exercice provoque généralement un renforcement des opinions personnelles et une réaction de défense contre la « dissonance ».

Observations personnelles

Chapitre 2

STRUCTURATION ET ORGANISATION

L'homme est à l'heure actuelle de plus en plus tributaire d'une pléiade d'institutions et d'organisations dont la taille et l'importance varient (État, entreprise, école, famille...).

Les Sciences humaines isolent de moins en moins l'individu de son contexte social. L'homme moderne n'existe et n'agit que par et dans de multiples organisations soumises au jeu incessant des interactions formelles et informelles.

Les déterminismes organisationnels n'agissent pas seulement sur la transformation progressive de la personnalité de chacun ; ils font aussi peser leurs contraintes sur la genèse des groupes. Les relations en leur sein ont en effet tendance à se structurer en fonction des motivations initiales des membres, des buts qu'ils se proposent de viser, des moyens mis en œuvre pour réaliser la tâche, et des « représentations » qui les animent.

Il se produit, ne serait-ce que par le jeu des sympathies-antipathies, des différences-ressemblances, des attractions-répulsions, etc., une sorte de pré-structuration des communications entre les participants, liée à leur système de valeurs et à leurs représentations. Cette structuration socio-affective, implicite et explicite, tend à se stabiliser. Elle contraint alors les communications à emprunter des passages obligés, des voies privilégiées. Elle conduit enfin à l'établissement d'un réseau formel de relations qui se traduit par une forme particulière de « contrat », le plus souvent tacite, définissant les positions et les subordinations respectives, et consacrant pour un temps l'asymétrie éventuelle des statuts et des rôles.

Le groupe apparaît en fin de compte, comme un « système fonctionnel d'interdépendances » inséré dans un ensemble social plus vaste qui conditionne ses structures et son évolution.

Les dix exercices qui suivent peuvent être utilisés avec profit comme « révélateurs » de certains aspects de la vie des groupes. Ils permettront de sensibiliser les participants à une série de notions familières aux psychosociologues : structuration des groupes, organisation, changement, obstacles à la communication, stratégies personnelles, conceptions et styles de pouvoir, motivations au travail.

« Recherche et sélection des causes » Cube de Stern

Objectifs

- Faciliter la recherche d'un consensus dans l'analyse d'un problème et la recherche des causes d'un dysfonctionnement.
- Apprendre à sélectionner les seules causes auxquelles le groupe pourra apporter des solutions.

Matériel

- Une fiche dite CUBE DE STERN (une par participant).
- Un tableau grand et large sur lequel sera reproduite la fiche.

Déroulement

- 6 à 10 participants.
- Durée de 1 h à 2 heures suivant la complexité du problème posé.
- L'animateur distribue à chaque membre du groupe une fiche « Recherche des causes » (cf. annexe).
- Les participants repèrent cinq à huit causes (de A à G) explicatives d'un dysfonctionnement.
- Individuellement chaque participant note de 0 à 3 chacune des causes, en utilisant les 4 critères suivant (importance, urgence, pouvoir d'action, capacité à trouver des solutions).
- Les notes affectées à chaque critère sont additionnées : chaque cause obtient ainsi une note pouvant aller de 0 à 12.
- Une fois les fiches remplies, les résultats sont collectés et reportés sur le tableau.
- Les participants sélectionnent dans un premier temps les causes obtenant les notes les plus élevées et qui sont bien évidemment les premières auxquelles le groupe devra porter remède (cf. cube de Stern/Recherche de solutions).

ANNEXE 1

Tableau CUBE DE STERN – Recherche des causes.

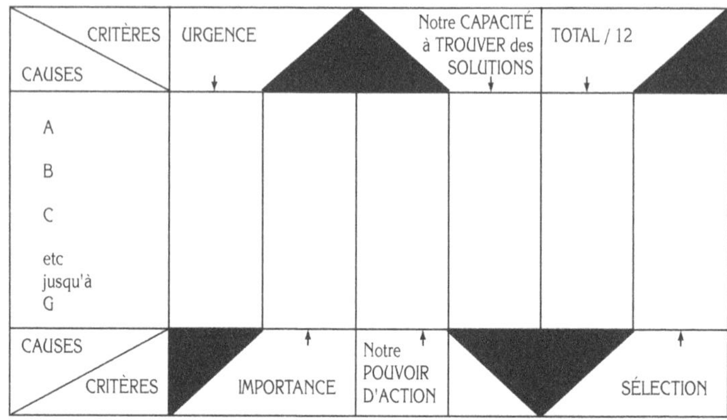

ANNEXE 2

Description des « critères » de notation.

URGENCE

Définition

Est-il urgent ou non de traiter cette cause du dysfonctionnement ?

0 – aucune urgence
1 – une certaine urgence
2 – très urgent
3 – la plus extrême urgence

IMPORTANCE

Définition

Cette cause apparaît comme ayant une importance pour expliquer le dysfonctionnement ?

0 – importance négligeable
1 – une certaine importance
2 – une grande importance
3 – une importance capitale

POUVOIR D'ACTION

Définition

Avons-nous, à notre niveau, un pouvoir d'action pour agir sur cette cause ?

0 – aucune action ne semble possible à notre niveau
1 – l'action semble difficile à notre niveau seulement
2 – l'action est probablement possible à notre niveau
3 – l'action ressort tout à fait de notre niveau

CAPACITÉ À TROUVER DES SOLUTIONS

Définition

Nous sentons-nous capables a priori de trouver des solutions pour remédier à cette cause du dysfonctionnement ?

0 – aucune solution ne semble envisageable
1 – solutions difficilement envisageables
2 – des solutions existent mais avec des difficultés d'application
3 – des solutions existent et semblent facilement applicables

RÉFÉRENCES

P. STERN – P. TUTOY
« *Le métier de consultant* » Éditions d'Organisation – 4e édition - 2001
P. STERN
« *Être plus efficace* » Éditions d'Organisation – 2001

ANNEXE 3

Exemple de fiche remplie.

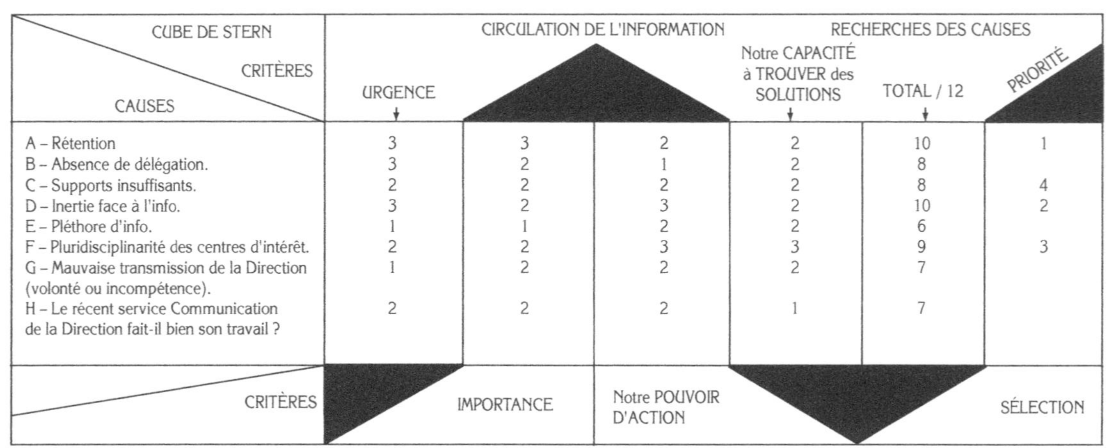

CUBE DE STERN — CAUSES / CRITÈRES	URGENCE	IMPORTANCE	Notre POUVOIR D'ACTION	Notre CAPACITÉ à TROUVER des SOLUTIONS	TOTAL / 12	PRIORITÉ
A – Rétention	3	3	2	2	10	1
B – Absence de délégation.	3	2	1	2	8	
C – Supports insuffisants.	2	2	2	2	8	4
D – Inertie face à l'info.	3	2	3	2	10	2
E – Pléthore d'info.	1	1	2	2	6	
F – Pluridisciplinarité des centres d'intérêt.	2	2	3	3	9	3
G – Mauvaise transmission de la Direction (volonté ou incompétence).	1	2	2	2	7	
H – Le récent service Communication de la Direction fait-il bien son travail ?	2	2	2	1	7	

EXEMPLE D'UTILISATION DU CUBE DE STERN

« Recherche et sélection de solutions/actions » Cube de Stern

Objectifs

- Apprendre à sélectionner des solutions efficaces.
- Faciliter la recherche d'un consensus pour résoudre un problème.

Matériel

- Une fiche dite « Cube de Stern » « Recherche des solutions » (une par participant).
- Un tableau grand et large sur lequel sera reproduite la fiche.

Déroulement

- 6 à 10 participants.
- Durée de 1 h à 2 heures suivant la diversité des solutions trouvées.
- L'animateur distribue à chaque membre du groupe une fiche « Recherche des solutions ».
- Les participants repèrent en groupe, cinq à huit solutions (de A à G).
- Individuellement chaque participant note de 0 à 3 chacune des solutions proposées en utilisant les 4 critères suivants (rapidité, importance, facilité de mise en place, acceptabilité par le personnel). Les notes affectées à chaque critère sont additionnées : chaque solution obtient ainsi une note pouvant aller de 0 à 12.
- Une fois les fiches remplies, les résultats sont collectés et reportés sur le tableau.
- Les participants entament alors une discussion et sélectionnent les notes les plus élevées et qui sont bien entendus les solutions à mettre en place en priorité.

ANNEXE 1

Tableau Cube de Stern – Recherche des solutions

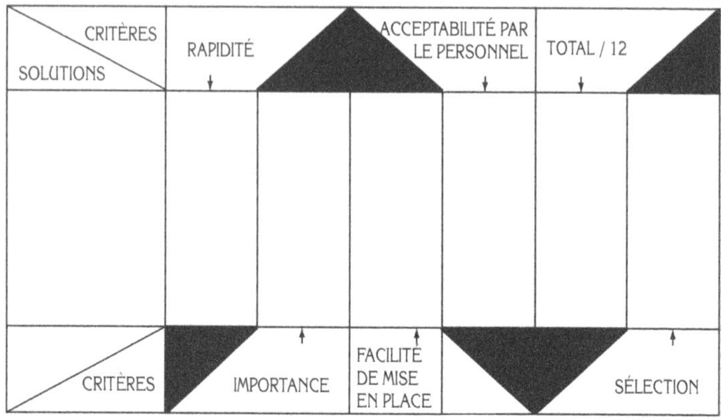

ANNEXE 2

Description des « critères » de notation.

RAPIDITÉ

Définition

Faut-il rapidement mettre en place cette solution ?

- 0 – aucune urgence
- 1 – une certaine urgence
- 2 – très urgent
- 3 – la plus extrême urgence

IMPORTANCE

Définition

Cette solution/action a un impact important sur la résolution du problème ?

- 0 – importance négligeable
- 1 – une certaine importance
- 2 – une grande importance
- 3 – une importance capitale

FACILITÉ DE MISE EN PLACE

Définition

Facilité de mise en place : comment l'idée peut être mise en œuvre (problèmes techniques, matériel et financier) ?

0 – cette idée pose d'importantes difficultés de mise en place
1 – de sérieuses difficultés de mise en place
2 – quelques difficultés de mise en place mais facilement surmontables
3 – cette idée semble pouvoir être facilement mise en place (pas de difficultés de mise en œuvre)

ACCEPTABILITÉ PAR LE PERSONNEL

Définition

De quelle manière le personnel concerné acceptera-t-il l'idée ?

0 – l'idée heurtera le personnel. Il faut s'attendre à une grande résistance de sa part
1 – l'idée sera plutôt mal acceptée
2 – l'idée sera acceptée avec quelques réticences
3 – l'idée sera acceptée d'emblée sans aucune réticence

RÉFÉRENCES

P. Stern – P. Tutoy
« *Le métier de consultant* » Éditions d'Organisation – 4e édition - 2001

ANNEXE 3

CUBE DE STERN — CRITÈRES / SOLUTIONS	RAPIDITÉ	IMPORTANCE	FACILITÉ DE MISE EN PLACE	ACCEPTABILITÉ PAR LE PERSONNEL	TOTAL / 12	PRIORITÉ / SÉLECTION
	RÉTENTION DE L'INFORMATION			SÉLECTION DES IDÉES/SOLUTIONS		
A-1 – Clarifier les discours de la direction	2	2-3	0-1	2	6-8	
B-2 – Déléguer le dispatching des informations à la secrétaire	2-3	2-3	2	3	9-11	2
C-3 – Faire circuler un compte rendu des réunions	1	2-3	3	3	9-10	3
D-4 – Mettre en place des relais d'information	1	1	3	3	8	4
E-5 – Mettre en place des notes de service	2	2	3	3	10	1
F-6 – Mettre en place un panneau central pour les affaires hebdomadaires	1	1	2	2	6	
G-7 – Badger les individus	1	2	2	0-1	6	
H-8 – Mettre en place une page sur la vie du service	1	1-2	1	3	7	

EXEMPLE D'UTILISATION DU CUBE DE STERN

Bon groupe – Mauvais groupe

Objectifs

- Théorique : réflexion sur la définition d'un « bon groupe ».
- Pratique : réflexion sur l'organisation mise en œuvre et vécue par le groupe pour traiter le sujet.
- Synthétique : la définition trouvée par le groupe correspond-elle à la réalité vécue pour y parvenir ?

Matériel

- Une liste de 22 propositions, distribuée à chaque membre du groupe.

Déroulement

- 12 participants : 6 à 8 discutent, les autres observent.
- Durée : 1 h 30.
- On distribue à chaque participant une liste de propositions à classer par ordre de préférence de 1 à 22.

Consignes : « Inscrire le n° 1 en face de la proposition qui vous paraît la plus appropriée pour définir un bon groupe, puis le n° 2 en face de la suivante... jusqu'au n° 22 en face de la proposition la moins conforme à l'idée que vous vous faites d'un bon groupe. Travaillez individuellement dans un premier temps. Vous aurez ensuite à vous mettre d'accord (consensus) avec les autres membres du groupe sur un classement commun des 6 propositions les plus favorables et des 6 dernières propositions les moins favorables.

- La spontanéité ne perd jamais ses droits.
- Chacun se sent tout à fait concerné par le sujet.
- Le « *leadership* » est lié uniquement à la compétence.
- Une saine compétition entre les membres est encouragée.
- Les membres s'écoutent les uns les autres.
- La répartition initiale des rôles reste stable au sein du groupe.
- Les litiges se règlent par une procédure de vote.
- Les objectifs du groupe sont bien définis au départ.
- Les membres éprouvent un grand plaisir à se retrouver.
- Il n'existe pas de différence trop marquée entre les niveaux d'information des uns et des autres.
- Les situations de conflit sont évitées.
- Tous les membres assument le pouvoir ensemble.

- Le leader suggère un plan pour chaque réunion.
- L'agressivité peut s'exprimer ouvertement.
- La constitution de sous-groupes informels est facilitée.
- Les décisions, une fois prises, sont appliquées à la lettre par tous.
- Chacun peut exprimer en confiance ses sentiments.
- Les sentiments sont pris en considération une fois les tâches remplies.
- Le leader assume les fonctions essentielles : production, facilitation, régulation.
- Les membres se contrôlent réciproquement
- Le nombre des participants n'excède pas 8 personnes.
- Le groupe a pour devise « Liberté, Égalité, Fraternité ».

Après la discussion (qui durera 1 heure environ) on amorcera une réflexion avec les membres du groupe sur le fond et la forme.

Remarques générales

L'analyse de la discussion pourra porter :

1 – sur la méthode et les procédures employées dans ce groupe pour parvenir au résultat demandé (concertation, vote, consensus, influence...),

2 – sur le contenu des échanges, l'analyse des représentations liées aux propositions positives et négatives et la justification des choix (conceptions politiques, idéologiques...) ;

3 – sur la liaison entre théorie et pratique. La façon dont le groupe s'est comporté dans la situation, correspond-elle point par point à la mise en pratique des propositions choisies comme positives et à l'évitement des propositions négatives ?

Variantes-Déroulement

On peut procéder de la façon suivante :

- Phase de choix individuel : 5 minutes.
- Phase de groupe : (1 heure ou 20 minutes maximum). Répartir le groupe en 2 sous-groupes, avec 2 observateurs et 1 animateur dans chaque sous-groupe et leur donner la consigne suivante :
  - Identifiez les 6 facteurs les plus importants pour l'efficacité d'un groupe.
  - Identifiez les 6 facteurs les plus néfastes pour l'efficacité d'un groupe.

Remarques générales

a) **Résultats du jeu :**

▸ Identifiez les différents types de variables présentées

- les variables « climat » (n° 1-5-9-11-14-17),
- les variables « motivation » (n° 2),
- les variables « leadership » (n° 3-12-13-19),
- les variables « règles de fonctionnement » (n° 4-6-7-8-10-16-18-20),
- les variables « structure » (n° 15 et 21)

▸ Donner un classement. Les 6 variables les plus importantes peuvent être :

- chacun se sent tout à fait concerné par le sujet,
- les objectifs du groupe sont bien définis au départ,
- le nombre de participants n'excède pas 8 personnes,
- les membres s'écoutent les uns les autres,
- il n'existe pas de différence trop marquée entre les niveaux d'informations des uns des autres,
- le leader assume les fonctions de régulation, facilitation (surtout pas de production).

À eux de trouver les plus mauvais, beaucoup de propositions entraînant une réponse du type « ça dépend »...

b) **Les différentes phases par lesquelles passe un groupe :**

Analyser ce qui s'est passé à la lumière du modèle de Tuckman p. 254 et 255 du manuel : *Management, aspects humains et organisationnels* – PUF 1991.
Aubert (N.) Gruere (J.-P.) Jabès (J.) Laroche (H.) Michel (S.)

Observations personnelles

Organisation et changement

Objectifs

- Faire vivre à des groupes en compétition, différents types d'organisation interne.
- Réfléchir sur l'organisation du travail et les styles de leadership.
- Tester la plasticité de différents types d'organisation en cas d'apparition soudaine d'une contrainte de changement.

Matériel

- Deux grosses boîtes de briques en plastique dur de type « Lego » ou « Polybric ».
- Double-mètre dépliant (un par équipe).
- Feuilles d'instructions pour les chefs de groupe A et B.
- Au moins deux salles équipées de tables et de chaises.
- Papier, crayons, tableau, un bulletin de vote par personne.
- Magnétoscope éventuellement.

Déroulement

- Durée : environ 2 heures.
- Nombre de participants souhaitable : 16 + observateurs.
- L'animateur désignera, en présence du groupe complet, deux leaders : l'un pour la division A, l'autre pour la division B.
- Il annonce aux deux divisions formées rapidement (utiliser l'ordre alphabétique des noms pour constituer les divisions) qu'elles devront, dans deux salles différentes travailler simultanément, à l'édification d'une tour haute de 50 centimètres et la plus originale possible : le temps alloué est de 1 h 15 après quoi les deux tours seront transportées sur une même table pour être comparées en séance plénière.
- L'animateur prend à part les deux leaders, chefs de projet. Il leur communique *leurs instructions respectives* (Annexes 1 et 2) leur demande de les lire et répond aux questions de l'un puis de l'autre. Chaque leader doit ignorer les instructions de l'adversaire.
- Dans un groupe « A » le responsable devra mettre en place une division du travail très stricte, de type taylorien, les tâches de chacun seront définies *a priori* ; on distinguera les exécutants, les contremaîtres et le chef du projet. Celui-ci conçoit la tour et exerce son autorité

de façon absolue, pour la faire réaliser par les exécutants, en transmettant des ordres par le canal des contremaîtres.

- Dans le groupe « B » le rôle du chef de projet n'est pas de se montrer omnipotent mais d'aider et de conseiller son équipe pour mettre en place une organisation efficace.
  Il facilite l'expression des membres du groupe, leur travail commun, sans imposer de procédure trop rigide. Éventuellement, il se joint au groupe pour participer à telle ou telle tâche. Tous les membres du groupe ont le même statut au départ et peuvent participer également à la conception et à la réalisation de la tour.
- En cours de jeu (1 heure environ après le début des travaux) l'animateur ira annoncer à chaque chef de groupe que la servitude de hauteur a été levée et que la tour doit maintenant être la plus haute possible.
- Lorsque le temps imparti est écoulé (1 h 15) l'animateur veille à ce que les tours soient transportées (d'une seule pièce ou en morceaux à reconstituer sur place) sur une même table d'exposition pour la réunion plénière.
- Les deux tours disposées côte à côte, on procède à une mesure comparative devant témoins et les deux tailles sont inscrites sur un tableau visible de tous.

Critère / Division	Hauteur	Originalité
« A »		
« B »		

- Pour apprécier l'originalité, on procédera à une courte présentation des deux tours par deux représentants, suivie d'un vote à bulletins secrets – on notera les scores au tableau.
- On procédera enfin à une analyse comparée du fonctionnement des groupes, en révélant à tous, les deux types d'instructions données au départ aux chefs de projet.
- Cette analyse est facilitée par la présence d'observateurs tout au long de l'exercice et par la confrontation entre les perceptions des acteurs eux-mêmes et les constatations des observateurs.

Remarques générales

- Les axes principaux d'analyse qu'on peut dégager de cet exercice de simulation sont les suivants :

- le type de division du travail adopté et traduit dans la structure organisationnelle du groupe, induit les comportements des membres du groupe et joue sur le degré de satisfaction des individus dans le travail ;
- il existe un rapport entre un style de commandement autoritaire, une structure fortement hiérarchisée, et une division de travail ;
- il existe une relation entre le mode de structuration d'un groupe (hiérarchisé ou à structures souples) et son efficacité ;
- la division du travail peut être perçue comme le moyen de résoudre des problèmes techniques ou comme un mode d'exercice du pouvoir ;
- la perception que le chef a eu du fonctionnement du groupe et l'opinion qu'en ont les membres du groupe peuvent ne pas correspondre ;
- les conflits apparaissent peut-être davantage dans un groupe faiblement structuré. Est-ce un inconvénient ?
- des oppositions peuvent se faire jour à l'intérieur des groupes entre le chef institué et les leaders qui se révèlent au cours de l'action.

D'une façon générale, on constate nombre de déviances entre les rôles théoriques, définis par rapport à la structure formellement mise en place, et les comportements réels des acteurs.

- Le groupe fortement structuré au départ, doté d'un chef, en principe omnipotent, peut voir par exemple l'émergence de leaders contestant l'autorité du chef et modifiant les relations au sein du groupe.
- Ou encore, le chef désigné se révèle incapable d'assumer jusqu'au bout l'autorité très forte que lui confèrent son rôle et la structure hiérarchisée qu'il dirige ; le groupe se désorganise et n'est plus capable de produire.
- Le groupe « démocratique » peut être le lieu d'une prise de pouvoir par un leader à forte personnalité qui imposera dans les faits un mode de fonctionnement assez proche du groupe structuré hiérarchiquement au départ. (Cf. K. Lewin.)
- Le vote à bulletin secret révèle parfois la trahison de certains membres vis-à-vis de leur groupe, souvent liée à des frustrations ressenties au cours de l'action.

Lorsqu'un changement s'impose au groupe en cours de travail, les réactions seront différentes dans chaque groupe, non seulement à cause des facteurs structurels, mais parce que la dynamique qui s'est créée dans chaque groupe permettra plus ou moins l'acceptation du changement et l'adaptation du groupe aux conditions nouvelles.

ANNEXE 1

Instructions pour le chef du groupe A

- Vous êtes le chef de projet de la division A.

  Votre objectif, identique à celui de la division B, est d'arriver en 1 h 15 minutes à faire construire par le personnel dont vous disposez une tour (en briques de type Lego ou Polybric) d'une hauteur imposée de 50 centimètres et la *plus originale possible.*
- Votre division devra « jouer le jeu » acceptant une discipline très stricte – commencez par montrer à tous le matériel que vous détenez et sur lequel vous exercez un contrôle rigoureux pendant la durée de l'exercice. Mettez ensuite en place une organisation centralisée qui reposera essentiellement sur vous. Vous choisirez avec soin deux contremaîtres pour encadrer étroitement deux sections d'ouvriers, égales en nombre.
- Une fois les sections constituées et pourvues de contremaîtres, séparez-les le plus possible dans la pièce (ou placez-les dans deux petites pièces voisines, le cas échéant) de façon qu'elles puissent travailler isolément. Veillez à ce que les ouvriers soient eux-mêmes relativement isolés sur des tables différentes.

  Après avoir réfléchi rapidement à votre œuvre en dessinant un plan schématique, réunissez vos contremaîtres. Donnez à l'un d'eux, des instructions pour faire construire par ses ouvriers, la base de la tour ; ordonnez à l'autre, de faire bâtir le sommet.
- Vous seul disposez du matériel et pouvez le distribuer à votre guise aux contremaîtres qui l'achemineront de votre poste de commandement vers les ouvriers. Vous pouvez demander des comptes aux contremaîtres sur l'utilisation des pièces fournies.
- Fixez un emploi du temps pour les deux sections.
- Encouragez par vos remarques, une émulation compétitive entre elles.
- Faites respecter rigoureusement les voies hiérarchiques (ascendante et descendante) et les réseaux de communication définis plus haut. Vous demeurez le seul intermédiaire entre les deux sections pour toute communication éventuelle. Vous ne vous adressez qu'aux contremaîtres. Vous n'acceptez de suggestions ou d'instructions que de l'animateur.
- Avant la phase finale d'agencement du sommet de la tour sur sa base, réunissez vos contremaîtres pour faire le point. Prévoyez le cas échéant le transfert de la tour sur la table désignée au départ pour l'exposition en réunion plénière.

- Préparez des arguments pour vanter l'originalité de votre œuvre en public.

ANNEXE 2

Instructions pour le chef du groupe 8

- Vous êtes le chef de projet de la division B.
  Votre objectif est d'arriver en 1 h 15 minutes à construire avec votre équipe, une tour haute de 50 centimètres et la plus originale possible, en utilisant un matériel de type Lego ou Polybric.
- Présentez d'abord au groupe, réuni autour d'une table commune de travail, les différents éléments (briques, plaques, etc.) dont vous disposez.
- Concevez avec lui le projet qui devra vous faire triompher de la division « A » qui vise le même objectif.
- Aidez le groupe à s'organiser sans trop entraver la spontanéité positive des uns et des autres.
  Soyez garant de l'efficacité et de la bonne gestion du temps.
- Encouragez un climat de coopération entre les membres du groupe.
- Invoquez à l'occasion, l'état de compétition dans lequel vous êtes vis-à-vis de la division A, installée en d'autres lieux.
- Soutenez le moral du groupe, s'il y a lieu facilitez la régulation des échanges.
- N'hésitez pas à donner un coup de main à vos collaborateurs et veillez à la fin du temps imparti, à faire transporter la tour sur la table, initialement prévue à cet effet.
- L'une des personnes de l'équipe devra vanter les mérites et les avantages de la tour au groupe réuni au complet.
- Il convient donc de préparer un argumentaire répondant à l'objectif d'originalité de la tour.

Variantes

On peut, en fonction du nombre de participants, former plus de deux « divisions ». En ce cas on distribuera les instructions « A » ou « B » aux groupes supplémentaires.
L'analyse des résultats sera d'autant plus intéressante car les comparaisons seront possibles.

Observations personnelles

Construction d'un pont

Objectifs

- Organisation d'un travail de groupe en deux temps :
  - conception
  - réalisation d'un projet
- Prise de conscience des répercussions de l'organisation sur la production, compte tenu de la situation.

Matériel

Pour chaque groupe en compétition :

- 1 rouleau de papier adhésif,
- 1 paire de ciseaux,
- 100 fiches cartonnées,
- 1 document de consignes,
- 1 boîte de poids pour balance *Roberval.*

Si possible prévoir une salle par groupe.

Déroulement

1 – Consignes distribuées aux groupes (4 à 6 personnes + observateurs) : « Vous allez procéder en groupe à la construction d'un pont. Vous avez 15 minutes pour prévoir la construction de votre œuvre et dresser les plans. Pour construire ce pont vous disposerez de 30 minutes et du matériel ci-joint. Ce pont doit tenir debout, être le plus solide possible et le plus esthétique ».

2 – Après 15 minutes de travail préparatoire, distribuez le matériel et donnez 30 minutes pour construire et réaliser le pont.

3 – Rassemblez les ponts sur une même table avec les numéros des groupes dont ils dépendent.

4 – Un membre de chaque groupe doit présenter son pont au public, en vanter la technique, les caractéristiques, la solidité et l'esthétique.

5 – On procède à un vote sur l'esthétique relative des différents ponts (à bulletin secret).
Dépouillement des résultats.

6 – La solidité est testée en appliquant le même poids aux différents édifices. Augmenter le poids jusqu'à la rupture.

7 – On entame alors une analyse du fonctionnement des différents groupes, avec l'aide des observateurs.

Remarques générales

On pourra réfléchir sur :

1 – Les différences perçues entre les phases de conception et de réalisation pour chaque groupe (méthodes de travail, procédures...).

2 – Une comparaison du mode d'organisation interne adopté par chaque groupe en fonction de la tâche (structuration).

3 – Les problèmes d'expression et de communication dans le travail de groupe. L'argumentaire des présentateurs.

4 – L'analyse des suffrages (point n° 5) révèle souvent le climat qui a régné dans les groupes.
Les membres des groupes conflictuels ou problématiques votent souvent pour « le pont » des groupes où l'atmosphère était plus euphorique.

5 – La solidité est-elle l'apanage des organisations de type structuré et l'esthétique celui des organisations de type peu structuré ?

Observations personnelles

Armand et Isabelle (Réseaux de communication)

Objectifs

- Expérimenter la structuration progressive d'un réseau dit « entièrement connecté ».
- Choix ambigu entre coopération et compétition.
- Étude des difficultés de communication par voie écrite.

Matériel

- 1 salle assez grande.
- 1 tableau et de quoi écrire pour l'animateur.
- 6 tables à 2 personnes plus 12 chaises.
- 6 carnets à souche (type bloc vendeur) de couleurs différentes,
- 6 petites pancartes où figurent les n°s 1, 2, 3, 4, 5, 6 des postes,
- 10 feuilles de données générales destinées à tous les postes,
- 6 feuilles différentes de données particulières à chaque poste,
- 6 feuilles d'observation pour les observateurs.

Déroulement

– Au moins 13 participants dont 12 acteurs et un facteur (ou 6 acteurs plus 6 observateurs plus 1 facteur).

– Durée : entre 1 h et 1 h 30.

a) *Disposition*

On disposera six tables de manière à constituer un vaste cercle (schéma ci-dessous) :

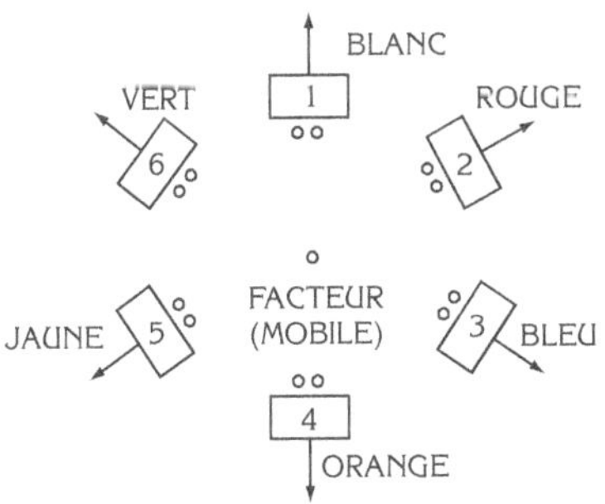

Les six participants y prennent place (tournés dans le sens des flèches). À côté de chacun d'eux s'installe un coéquipier (ou un observateur muet chargé de rendre compte de son observation en fin d'exercice (2).
Les six tables sont numérotées de 1 à 6 de façon très visible. L'animateur dessine au tableau le schéma ci-dessus et indique à chacun sa fonction, son poste, la couleur de son « bloc à messages » et ce qu'il doit faire.

b) *Règle de fonctionnement*

Les participants sont invités à garder le silence total pendant toute la durée de l'exercice. Ils ne doivent pas se retourner ou tenter de communiquer autrement que par écrit. Ils pourront en effet émettre des messages écrits destinés aux autres postes de leur choix, grâce à des blocs de couleurs (différents pour chacun) prévus à cet effet et disposés devant eux.
Chaque poste peut faire parvenir des messages écrits à n'importe quel autre poste en inscrivant en haut du message le n° du destinataire et en faisant signe au facteur. Celui-ci transmettra en silence. Le nombre des messages n'est pas limité. Le contenu des messages est entièrement libre. On ne doit pas utiliser 2 fois le même message. On ne peut faire suivre un document reçu : on doit le retranscrire sur son propre papier.
Tous les papiers de messages seront conservés par les récepteurs jusqu'à la fin. Chacun des 6 postes reçoit 3 feuilles :

- 1 de données générales communes à tous les postes (Annexe 1).
- 1 d'instructions particulières (information qu'il est seul à détenir) (Annexe 2).
- 1 pour présenter la réponse à l'animateur lorsqu'il l'aura trouvée.

Les observateurs ont droit de regard sur ces documents, et ont en plus (Annexe 3) un guide d'observation.
La tâche consiste à résoudre un petit problème très simple dont chaque poste possède une partie des données nécessaires à sa résolution. On ne peut trouver la solution qu'en tentant de communiquer avec les autres par écrit. La solution est la même pour tous. Chacun doit cependant remettre sa propre réponse à l'animateur. L'exercice prend fin quand tous les participants ont répondu. L'animateur inscrira alors au tableau la réponse exacte, connue de lui seul.

ANNEXE 1

Données générales communes à tous les postes

Vous êtes, par convention, 6 journalistes chargés d'enquêter par le magazine qui vous emploie sur l'héritage important que laissent Armand et Isabelle, peintres célèbres, après leur décès récent dans un accident de la route.

Il vous faut réussir à reconstituer l'arbre généalogique des descendants directs de ce couple sachant que la famille est extrêmement dispersée dans le monde. Chacun de vous a à sa disposition des renseignements partiels glanés çà et là, qu'il est seul à connaître. Cette famille est composée de 20 personnes en tout (y compris les 2 peintres).

Votre tâche prendra fin lorsque vous aurez dressé l'arbre généalogique complet de cette famille en communiquant par écrit avec les autres postes détenteurs d'autres informations indispensables.

La solution est identique pour tout le monde. Remettez un document synthétique clair à l'animateur lorsque vous aurez agencé correctement ces 20 noms.

ANNEXE 2

Données particulières aux différents postes (à découper et à donner séparément).

Poste 1 (informations que vous êtes seul à détenir)

- MONIQUE est la seconde fille de MARCEL et CHARLOTTE
- VINCENT est l'aîné de PAUL et SARAH

Poste 2 (informations, que vous êtes seul à détenir)

- ARMAND et ISABELLE ont une seule fille, JULIE la petite dernière, et un seul arrière petit-fils, JACQUES
- SOPHIE, MONIQUE et ÉMILIE sont trois sœurs.

Poste 3 (informations que vous êtes seul à détenir)

- PAUL est le mari de SARAH et le fils aîné d'ISABELLE.
- BERTRAND est le fils aîné de MAURICE et le petit-fils d'ARMAND.

Poste 4 (informations que vous êtes seul à détenir)

- JÉRÔME est le père de JACQUES et le frère cadet de VINCENT.
- ÉMILIE est la fille aînée de CHARLOTTE et la nièce préférée d'ANDRÉ fils d'ARMAND et d'ISABELLE.

Poste 5 (informations que vous êtes seul à détenir)

- ARMAND et ISABELLE ont 4 enfants : le 3e s'appelle MARCEL.

- SYLVIE est la sœur de BERTRAND, tous deux sont enfants de JULIE et MAURICE.

Poste 6 (informations que vous êtes seul à détenir)

- JÉRÔME est le mari de CHANTAL.
- MARCEL a un fils, BERNARD, beaucoup plus jeune que ses sœurs ; BERNARD est le mari d'EMMANUELLE.
- À la fin de la période d'échanges écrits, l'animateur présente au tableau, l'arbre généalogique qui correspond aux éléments d'information distribués.

Exploitation de l'exercice

- Les acteurs sont alors invités à s'exprimer l'un après l'autre, pour dire comment ils ont perçu les autres postes (coopératifs, rapides, négligeants, inorganisés...).

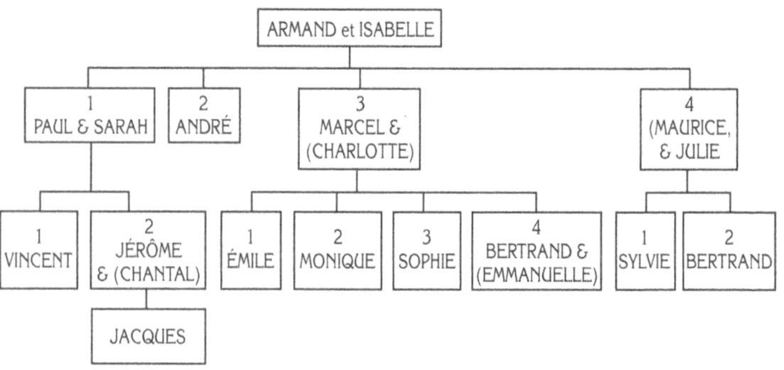

- L'animateur demande aux tenants de chaque poste de faire rapidement le compte des messages reçus de la part des 5 autres. Il inscrira ces chiffres sur le tableau suivant :

Postes	1	2	3	4	5	6	Totaux reçus
1	/						
2		/					
3			/				
4				/			
5					/		
6						/	
Totaux émis							

Exemple : Poste 1, combien de messages avez-vous reçus du poste 2, du 3, du 4, du 5, du 6 (inscrire les chiffres sur la première ligne).

Puis, poste 2, etc.

- L'animateur effectue les totaux des lignes (messages reçus) et des colonnes (messages émis). Il entoure les chiffres significatifs. Il compare les totaux émis et reçus par poste et note les déséquilibres. Il souligne les relations préférentielles, les difficultés d'échange, etc. et amorce une discussion.

Il laisse la parole aux observateurs. (cf. Annexe 3).

Chaque observateur porte son attention sur le comportement de son voisin (ou des postes) ; il tente d'analyser ce qui se déroule :

- la tactique ou l'absence de tactique (ou de stratégie),
- les tentatives d'échange ou de négociation de ses informations en tout ou partie, contre d'autres,
- la distribution d'informations reçues des autres, pour éviter de donner les siennes,
- l'attente des messages, après le don total de ses propres informations,
- l'envoi d'informations déformées ou inauthentiques,
- le degré d'organisation du poste (émission, réception, analyse des messages, interprétations, négligences),
- le rôle particulier d'un poste qui tente de centraliser les informations, ou de les bloquer abusivement, de monopoliser l'objectif commun, en voulant obtenir la réponse le premier.

Remarques générales

L'animateur reste en retrait pendant le déroulement de l'exercice, se réservant d'intervenir en fin de parcours, à propos :

- du temps (à relever) mis pour trouver la solution.
  Un ordinateur aurait résolu rapidement le problème, mais il n'aurait pas été sujet aux interprétations, déformations, anticipations, sous-entendus, rétentions d'informations, etc.
- du nombre minimum de messages pour résoudre le problème : 30 messages suffisent lorsque chacun envoie copie de ses informations à ses 5 partenaires ;
- de ce qui a été vécu réellement (évolution des relations dans le groupe) clarification des difficultés liées aux individus, aux réseaux de communication, au groupe ;
- de l'ambiguïté des consignes qui laissent les participants dans l'obligation de coopérer dans une situation interprétée comme

compétitive ; d'où la tentation de substituer des objectifs personnels à l'objectif d'entraide ;
- des analogies possibles avec la vie des organisations dans lesquelles nous travaillons (sort des notes de service, de l'information écrite en général).

ANNEXE 3

Obstacles à la communication rencontrés dans un exercice sur les réseaux

1. *Obstacles relatifs à l'émission* des messages :
- messages sans destinataire précis ; erreur sur le destinataire ;
- messages raturés, mal écrits, illisibles, indéchiffrables, mal exprimés, mal rédigés ;
- messages incomplets, ne tenant pas compte de l'univers des récepteurs ;
- messages ambigus, pouvant signifier plusieurs choses différentes ;
- messages trop longs, trop laconiques, trop tardifs ou prématurés pour le récepteur ;
- messages délibérément inexacts ou faux...

2. *Obstacles relatifs à la réception* des messages :
- compréhension partielle, interprétation, perception tronquée ;
- non-lecture, oubli, mauvais enregistrement ;
- manque de lien avec d'autres éléments ;
- préjugés ou idées toutes faites sur l'émetteur ;
- non réponse volontaire ou involontaire.

3. *Difficultés de coopération*
- « coopération » à sens unique, au bénéfice de certains ;
- interprétation des consignes dans le sens d'une compétition ;
- abandon des informations à un leader centralisateur inefficace et vite saturé ;
- réticence et méfiance *a priori*.

4. *Difficultés concernant l'organisation du groupe :*
- structuration inadéquate du groupe compte tenu du problème à résoudre (trop centralisé, trop décentralisé...) ;
- absence totale de méthode (chacun bricole dans son coin) ;
- absence de contrôle des informations ;
- absence de structures de communication satisfaisantes (instabilité, manque de fiabilité du réseau en tout ou partie...).

5. *Difficultés liées aux caractéristiques individuelles* :
- difficulté personnelle à s'exprimer et à communiquer ;

- agressivité, ironie, attitude défensive ou offensive ;
- absence d'intérêt ;
- incompréhension du problème, des consignes, des objectifs ;
- inattention préjudiciable, inorganisation dans la collecte des données et l'émission des messages ;
- précipitation, excès d'émotivité.

Observations personnelles

Combien gagne le chef ?
(Réseaux de communication)

Objectifs

- Expérimenter la structuration progressive d'un réseau de communication.
- Étude des difficultés liées aux communications par voie écrite.

Matériel

- 1 salle assez grande.
- 1 tableau et des craies.
- 6 tables à 2 personnes et 12 chaises.
- 6 carnets à souche (type « blocs vendeurs ») de couleurs différentes.
- 10 feuilles de « données générales à tous les postes » (Annexe 1).
- 6 feuilles différentes de données particulières à chaque poste (Annexe 2).
- 6 feuilles d'observations pour les observateurs.

Déroulement

Au moins 13 participants (12 acteurs et un facteur ou bien 6 acteurs + 6 observateurs + 1 facteur).
Durée : 1 h 30 environ.
a) Disposition : voir la fiche 19_1.
b) Règles de fonctionnement : voir les exercices 19_2 et 19_3.

ANNEXE 1

Données générales communes à tous les postes.

« Vous êtes, par convention, des employés travaillant dans une même entreprise. Vous vous retrouvez parfois à la cantine à l'heure du déjeuner pour discuter. L'un des sujets de conversation, assez fréquent, tourne autour du salaire des collègues et de la « hiérarchie ».
Officiellement le montant des salaires attribués aux uns et aux autres, reste secret. Chacun de vous s'est fait fort de connaître assez vite, les salaires des 12 personnes réputées pour être plutôt bien payées, dans leur service : Laurent (chef de service), Maurice, Norbert, Odile, Pierre, Quentin, René, Simon, Thomas, Ursula, Vincent et William. »

« Chacun de vous a des renseignements particuliers à sa disposition, glanés çà et là sur tel ou tel membre du service en question. Votre tâche prendra fin lorsque vous saurez avec précision, le montant des salaires des 12 personnes citées plus haut et en particulier, celui du chef de service Laurent. Vous communiquerez uniquement par écrit, avec les autres postes détenteurs d'autres informations indispensables.

La solution est la même pour tous. Dès que vous l'aurez trouvée remettez une note à l'animateur qui vérifiera. »

ANNEXE 2

Données particulières aux différents postes (à découper et distribuer séparément).

Poste 1 (informations que vous êtes seul à détenir).

- Vous savez de source sûre que Simon, un des meilleurs vendeurs, gagne 400 € de plus que Thomas, le jeune adjoint du chef de service.
- Par ailleurs, vous avez été surpris d'apprendre qu'Odile, la secrétaire de direction, gagne en fait 2 300 € de moins que Pierre, le sous-chef de service (alors qu'ils se partagent le même travail).

Poste 2 (informations que vous êtes seul à détenir).

- Vincent, le meilleur comptable ne vous cache rien. Il vous a dit gagner 1 100 € de plus que William, l'autre comptable pourtant plus diplômé.
- par ailleurs, vous avez appris au restaurant que René et Simon, deux très bons vendeurs, touchent le même salaire.

Poste 3 (informations que vous êtes seul à détenir).

- William, le comptable le moins ancien, gagne actuellement 2 600 € par mois ; il vous a montré sa feuille de paie, la semaine dernière.
- Vous avez appris par quelqu'un de bien informé que Maurice, le nouveau contrôleur de gestion, gagne 2 200 € de plus que Norbert, le vieil employé modèle, attaché aux écritures.

Poste 4 (informations que vous êtes seul à détenir).

- Vous savez fort bien, puisqu'il vous l'a dit lui-même, que Maurice, le nouveau contrôleur de gestion, gagne 835 € de moins que Laurent, le chef de service.
- Vous avez découvert également qu'Ursula, la secrétaire trilingue, gagne 200 € de moins que Vincent, le meilleur comptable.

Poste 5 (informations que vous êtes seul à détenir).

- Vous avez appris non sans étonnement qu'Odile, la secrétaire du directeur, gagne 300 € de plus que Norbert, le vieil employé modèle attaché aux écritures.
- Le comble est qu'Ursula, la secrétaire trilingue, gagne, elle, 400 € de moins que Thomas, le jeune adjoint du chef de service.

Poste 6 (informations que vous êtes seul à détenir).

- Vous savez par indiscrétion que Pierre, le sous-chef de service, gagne 900 € de plus par mois que Quentin, le plus jeune vendeur.
- Ce qui vous paraît moins normal, c'est que ce même Quentin gagne 200 € de moins que René, autre vendeur expérimenté.

À la fin de la période d'échanges écrits, l'animateur présente au tableau les résultats :

Laurent, chef de service	5 335 Euros
Maurice, contrôleur de gestion	4 500 Euros
Norbert, employé aux écritures	2 300 Euros
Odile, secrétaire de direction	2 600 Euros
Pierre, sous-chef de service	4 900 Euros
Quentin, le plus jeune vendeur	4 000 Euros
René, très bon vendeur	4 200 Euros
Simon, un des meilleurs vendeurs	4 300 Euros
Thomas, jeune adjoint du chef de service	3 900 Euros
Ursula, la secrétaire trilingue	3 500 Euros
Vincent, le meilleur comptable	3 700 Euros
William, le moins ancien comptable	2 600 Euros

Observations personnelles

« Albatos » ennemi public n° 1 (Compétition et coopération)

Objectifs

- Expérimenter la structuration progressive d'un réseau de communication.
- Analyser les obstacles à la communication écrite.
- Observer la dynamique des échanges entre équipes concurrentes en situation de coopération forcée.

Matériel

- 1 salle assez grande.
- 1 tableau avec des craies, pour l'animateur.
- 6 tables à 2 personnes avec 12 chaises.
- 18 carnets à souche de 6 couleurs différentes (6 × 3).
- 6 pancartes numérotées de 1 à 6.
- 12 feuilles de données générales (Annexe 1).
- 6 feuilles de données différentes, spécifiques à chaque poste (Annexe 2).
- Feuilles d'observation pour les observateurs.

Déroulement

- 12 participants, 1 messager, 6 observateurs.
- Durée : 1 h 30 environ.

1. Dispersion des tables en hexagone avec sièges à l'intérieur. On dispose les participants de façon qu'ils se tournent le dos. Deux personnes par poste.

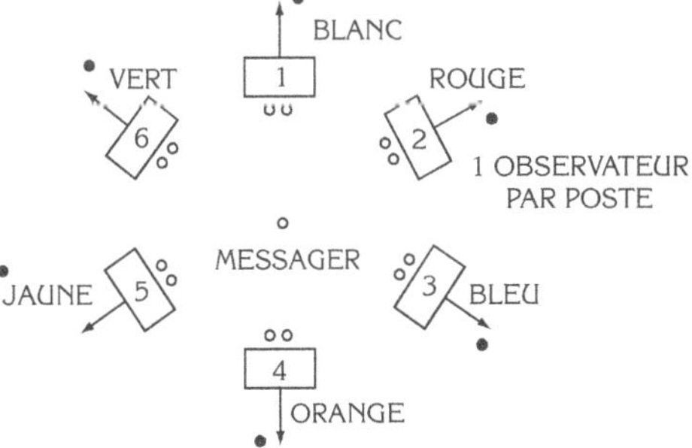

2. L'animateur dessine au tableau le schéma de la disposition des postes et indique à tous la couleur attachée à chacun d'eux. Les pancartes numérotées de 1 à 6 sont exposées sur chaque table, bien en vue.
3. On distribue à chaque poste :
- *l'annexe 1* : feuille de données générales à tous les postes,
- *l'annexe 2* : feuille de données particulières que l'équipe est seule à détenir,
- 3 carnets à souche aux couleurs particulières de l'équipe. Deux d'entre eux serviront à émettre des messages. Le dernier constituera un carnet de chèques : inscrire lisiblement « chèque » sur chaque feuille du carnet avant de commencer l'exercice.
4. Silence absolu à observer entre les équipes.
5. Chaque poste peut faire parvenir des messages écrits (et des chèques) à n'importe quel autre poste en inscrivant en haut du message (et des chèques) le n° du poste destinataire et en faisant signe au « messager », qui transmettra sans mot dire. Le nombre des messages n'est pas limité et leur contenu est libre. On ne doit pas utiliser deux fois le même message. On ne peut faire suivre un document reçu : on doit en retranscrire le contenu sur son propre papier.
6. Tous les papiers contenant des messages et tous les chèques reçus seront soigneusement conservés jusqu'à la fin de l'exercice.
7. Les observateurs ont droit de regard sur les documents ; on leur distribue au départ une feuille de données générales à tous les postes (Annexe 1). Ils utiliseront des grilles d'évaluation (cf.).
8. La tâche consiste à résoudre un petit problème très simple dont chaque équipe possède une partie des données. On ne peut trouver la solution qu'en tentant de communiquer avec les autres par écrit. La solution est la même pour tous. Chacun remettra sa propre réponse à l'animateur ; l'exercice prend fin quand tous les participants ont répondu. L'animateur inscrira alors au tableau les réponse exactes.

ANNEXE 1

Données générales â tous les postes.

« Vous êtes par convention six groupes d'espions chargés, par vos gouvernements respectifs, de déterminer avec précision le nombre total d'avions de combat possédés actuellement par un petit pays suréquipé, « L'ALBATOS », dont les chefs militaires menacent d'entrer en conflit à la moindre occasion. Les onze pays voisins de l'Albatos sont par ordre alphabétique : le BAROUK, la CALIMORNIE, le DEMUT, l'ECAZ, le

FREGHON, le GOSPAM, l'HOCROUNE, l'IMINI, le JEWEL, la KASTASIE et le LADANG.

Comme l'équilibre des forces d'un continent est en jeu, vous êtes prêts à vous entraider un minimum (moyennant finances) pour connaître rapidement ce chiffre et en faire part au plus tôt à votre gouvernement.

Chaque groupe, numéroté de 1 à 6 détient une partie de l'information nécessaire à l'élaboration de la réponse finale. Une somme équivalente pour chaque groupe (d'un montant de 10 000 dollars) est attribuée par vos gouvernements pour parvenir à vos fins.

Vous devez communiquer uniquement par messages écrits en émettant le nombre de messages que vous voulez vers qui vous voulez, accompagnés ou non de chèques. Vous pourrez faire des chèques jusqu'à concurrence de vos provisions (10 000 $). »

ANNEXE 2

Données particulières aux différents postes (à découper et distribuer séparément).

Poste 1 (données que vous êtes seuls à détenir)

« Vous savez de source bien informée que l'HOCROUNÉ possède actuellement 9 avions (ultra modernes) de plus que l'IMINI. Un message en code vient de vous apprendre que le DEMUT a bien 26 avions de moins que l'ECAZ son allié. »

Poste 2 (données que vous êtes seuls à détenir)

« Vos services vous l'ont confirmé : la KASTASIE possède à coup sûr 11 avions (redoutables) de plus que son voisin le LADANG. Ils vous ont assuré également que le GOSPAM et l'HOCROUNÉ entretiennent le même nombre d'appareils. »

Poste 3 (données que vous êtes seuls à détenir)

« Vous avez réussi à photocopier dans les bureaux de l'état-major du LADANG un document secret faisant état du nombre d'avions de combat de ce pays : 64 en tout.

De son côté le BAROUK dont les bases aériennes ont pu être photographiées par vos services aligne 27 appareils de plus que la CALIMORNIE. »

Poste 4 (données que vous êtes seuls à détenir)

« Un de vos hommes, réfugié à l'ambassade, vous a fait savoir que le BAROUK possède 14 avions de moins que l'inquiétant ALBATOS.

Vos collègues implantés au JEWEL vous ont confirmé que ce pays dispose de 14 appareils de moins que la KASTASIE. »

Poste 5 (données que vous êtes seuls à détenir)
« Vos agents sont formels : le DEMUT vient d'acheter 9 avions de combat de plus que son voisin la CALIMORNIE. Le JEWEL quant à lui se laisse distancer sans le savoir : l'IMINI vient de faire l'acquisition de nouveaux « zincs » ce qui porte à 15 le nombre d'appareils que ce pays entretient comme « avance » en cas de conflit contre son voisin. »

Poste 6 (données que vous êtes seuls à détenir)
« L'ECAZ a récemment acquis grâce à votre intermédiaire 16 appareils de plus que le FREGHON. Le GOSPAM possède quant à lui 5 avions de plus que ce même FREGHON.

9. Réponses exactes :

ALBATOS	102 Avions	GOSPAM	85	»
BAROUK	88 »	HOCROUNE	85	»
CALIMORNIE	61 »	IMINI	76	»
DEMUT	70 »	JEWEL	61	»
ECAZ	96	KASTASIE	61	»
FREGHON	80	LADANG	64	»

N.B. :
- Le poste 3 était en possession de la seule référence chiffrée (64 avions).
- Le poste 4 possédait seul des informations relatives à l'ALBATOS.

10. Analyse de l'exercice.
- Les acteurs s'expriment sur ce qui a pu se passer d'après eux.
- Les observateurs font part de leurs observations.
- L'animateur, après avoir fait classer les messages reçus par chaque poste (en fonction de l'émetteur), remplit un tableau à double entrée qui lui permettra de quantifier un indice « d'extraversion » et un indice de « leadership ».

Type de tableau

POSTES	1	2	3	4	5	6	TOTAUX REÇUS (indice de leadership)
1							
2							
3							
4							
5							
6							
TOTAUX ÉMIS (indice d'extraversion)							

L'animateur calcule les totaux des lignes (messages reçus) et des colonnes (messages émis). Il entoure les chiffres significatifs ; ceux qui traduisent un déséquilibre entre émission et réception.
Il relève également les sommes reçues par le jeu des chèques en dollars.
L'animateur met en relation le nombre des messages et les sommes d'argent dépensées ou touchées.
Il construit un exposé sur les communications dans les groupes, l'interférence des équations personnelles avec les systèmes organisés, etc.

POSTES	1	2	3	4	5	6	TOTAUX des lignes
1							$ reçu par le poste 1
2							$ reçu par le poste 2
3							$ reçu par le poste 3
4							$ reçu par le poste 4
5							$ reçu par le poste 5
6							$ reçu par le poste 6

TOTAUX des colonnes (argent émis).

Remarques générales

Beaucoup de remarques sont possibles après un tel exercice :

- sur le temps mis pour parvenir à la solution,
- sur le nombre souvent important des messages (30 suffisent) émis,
- sur les stratégies ou les tactiques des uns et des autres pour obtenir des renseignements au moindre prix, négocier les informations des autres, éviter de donner ses informations, faire croire des choses inexactes, incomplètes ou fausses...
- les consignes situent d'emblée les équipes sur le terrain de la concurrence bien qu'elles aient toutes besoin des informations des autres pour réussir...

  L'analyse des banqueroutes ou de l'amas de fortune traduira souvent de façon éclairante la dynamique des échanges.

Observations personnelles

Auto-Organisation

Objectifs

- Explorer les difficultés rencontrées pour s'auto-organiser efficacement par les membres d'un groupe attelés à une tâche.
- Évaluer l'incidence de la compétition inter-groupes sur la qualité des performances.

Matériel

- Pour chaque participant, une série de 10 fiches cartonnées portant chacune un chiffre de 0 à 9 inscrit en gros.

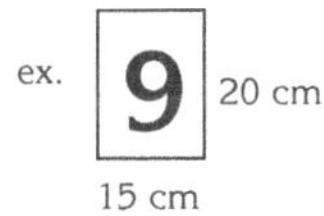

- Un tableau visible de tous, et de quoi écrire dessus.
- Une montre.

Déroulement

- 10 à 12 participants + observateurs.
- Durée : 1 h 30 environ.

I – Constituer deux équipes A et B comprenant par exemple 5 personnes chacune.

II – Leur expliquer brièvement l'exercice et les laisser discuter quelques minutes entre coéquipiers avant de commencer, sachant qu'après le début, l'isolation totale des membres sera de rigueur.

1) Adopter pour les équipes la disposition suivante :

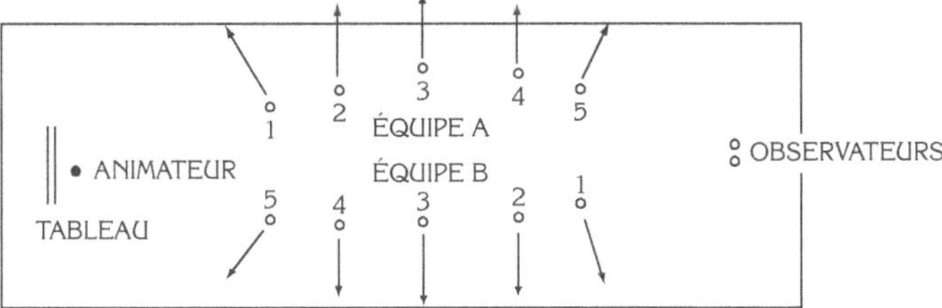

- Léger arc-de-cercle de part et d'autre de l'animateur.
- Têtes tournées vers le mur.
- Espacement entre chaque membre de 2 mètres environ.
- Numérotage des participants de 1 à 5.
- Animateur et observateurs de part et d'autre de la travée centrale.

2) Chacun des équipiers reçoit au début 10 cartes (numérotées de 0 à 9) qu'il conservera à sa disposition tout au long de l'exercice.
3) Les deux équipes sont placées en compétition pour obtenir les meilleurs résultats.
4) L'exercice se déroule en 20 tours successifs et alternatifs :
10 sont à l'initiative de l'équipe A
10 sont à l'initiative de l'équipe B
Ces tours sont prévus en alternance (A, puis B, puis A, etc.).
5) Lorsque l'initiative est à l'équipe A par exemple, l'un de ses membres proclame à haute voix un nombre (ce nombre peut avoir été choisi en commun avant le début de l'exercice). Aussitôt les membres de l'équipe B doivent réagir : chacun devra choisir parmi ses fiches (et sans regarder le voisin) celle qui, additionnée aux autres, contribuera à fabriquer ledit nombre.
L'animateur et les observateurs pourront donc contrôler l'exactitude de cette addition d'un rapide coup d'œil sur les fiches levées au-dessus des têtes des membres de l'équipe B (on veillera à ce que les fiches soient brandies de façon à être perçues facilement par l'animateur).
6) L'animateur inscrit aussitôt au tableau préparé à cet effet, dans les colonnes « B » :
   - le chiffre demandé par l'équipe A,
   - le chiffre obtenu en additionnant les fiches levées par les équipiers de « B »,
   - le temps mis pour obtenir une réponse même fausse (5 cartes levées).

   Exemple de tableau rempli par l'animateur :

	ÉQUIPE A			ÉQUIPE B		
Tours	CA	CO	TPS	CA	CO	TPS
1						
2						
3						
4						
5						
→ CONCERTATION						
6						
7						
8						
9						
10						

CA : Chiffre annoncé CO : Chiffre obtenu TPS : Temps mis

7) C'est alors à l'autre équipe « B » de prendre l'initiative et de demander à haute voix un chiffre par l'intermédiaire d'un de ses membres – l'équipe « A » devra tenter de constituer ce chiffre au plus vite, de façon analogue. L'animateur notera au tableau les résultats dans les colonnes « A », etc.
8) Sachant qu'aucune communication ne sera permise pendant le déroulement de l'exercice, les membres des équipes pourront s'entendre avant de commencer sur l'ordre des intervenants (qui proclameront les chiffres) et sur le choix des 5 premiers chiffres à proclamer.
9) Au bout des 5 premiers tours (chaque tour comporte deux proclamations, une de l'équipe « A », une de l'équipe « B ») on laissera quelques instants, aux deux équipes pour se concerter en groupe (chacune de son côté). Elles pourront redéfinir leur organisation interne à la vue des résultats déjà obtenus.
10) L'exercice reprend et s'achève lorsque le tableau est rempli.
11) Une discussion menée par l'animateur aura pour but d'analyser et de commenter, avec participants et observateurs, les résultats du tableau en référence aux comportements des acteurs.

Remarques générales (voir fiche n° 33)

On tentera de mettre l'accent sur :

- l'auto-organisation de chaque équipe, le degré de cohésion, l'autodiscipline, la rapidité, l'ajustement réciproque, la complémentarité, le leadership de certains, l'intolérance aux maladresses…
- l'importance de la situation de compétition comme stimulant positif ou inhibiteur,
- la souplesse d'adaptation des équipes et leurs progrès après la phase de concertation.

Observations personnelles

Conceptions du pouvoir

Objectifs

- Sensibiliser les participants aux phénomènes liés au pouvoir.
- Amorcer une réflexion sur les notions d'influence et de consensus.

Matériel

- Papier, crayons, tableau.
- 2 listes d'hommes politiques par individu.

Déroulement

- Groupe de 25 personnes (par exemple).
- Durée : 1 heure environ.

1) Répartition des participants en 5 groupes de 5 personnes.
2) L'animateur les invite à noter individuellement (Annexe 1) une série d'hommes politiques sur une échelle de 0 à 10. Chaque groupe recevra un critère différent :
   I – 1er groupe VIOLENCE
   II – 2e groupe CONTRIBUTION à l'HISTOIRE
   III – 3e groupe LÉGITIMITÉ
   IV – 4e groupe MACHIAVÉLISME
   V – 5e groupe SOLIDARITÉ et ÉQUILIBRE PERSONNEL
   et des consignes différentes (cf. Annexe 2).
3) À l'intérieur de chaque groupe, un accord unanime doit être activement recherché pour parvenir à une notation commune (consensus).
4) Un membre de chaque groupe (I, II, III, IV et V) est envoyé pour former 5 nouveaux groupes de 5 personnes (A, B, C, D et E).

Schéma des opérations

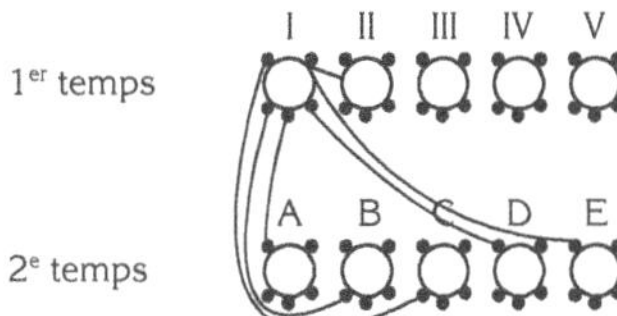

Les nouveaux groupes seront donc formés de représentants des 5 premiers groupes. Ils auront pour tâche de noter la même liste d'hommes politiques (Annexe 3). Mais cette fois plus sur un seul critère mais sur l'ensemble des critères : violence, contribution à l'Histoire, légitimité, machiavélisme, solidité de la personnalité.

5) L'animateur relève au tableau les notations successives. Exemple :

TABLEAU A

1er temps	Violence I	Contribution II	Légitimité III	Machiavél. IV	Solidarité V
ATTILA CASTRO Etc.					

TABLEAU B

2e temps	Violence					Contribution					Légitimité					Machiavél.					Solidarité				
GROUPES	A	B	C	D	E	A	B	C	D	E	A	B	C	D	E	A	B	C	D	E	A	B	C	D	E
ATTILA CASTRO Etc.																									

Il s'ensuit une comparaison des résultats et une analyse des différences importantes.

Remarques générales

Les résultats du tableau A et du tableau B devraient être rigoureusement identiques si chaque « représentant » de la 1re vague sait convaincre les membres du groupe de la 2e vague, de la qualité de ses arguments.

On remarque néanmoins des écarts non négligeables qu'il convient d'interpréter avec l'aide des participants, en insistant sur les phénomènes d'influence et de pouvoir. En s'inspirant des comportements observés et des résultats chiffrés, il sera plus facile d'amorcer une réflexion sur ces thèmes.

ANNEXE 1

Liste des hommes politiques à noter de 0 à 10.

	Critère	(I, II, III, IV ou V)	*Critère*
Arafat		Kennedy	
Attila		Louix XIV	
Castro		Mandela	
Ceaucescu		Mao	
De Gaulle		Mitterrand	
Golda Meir		Napoléon	
Gorbatchev		Saddam	
Hitler		Staline	
Jean-Paul II			

Cette liste comportera un seul des cinq critères au sommet de la colonne de notation (chaque groupe de 5 personnes se verra attribuer le même) ; on y adjoindra les consignes particulières ci-dessous.

ANNEXE 2

Consignes particulières (aux groupes I, II, III, IV et V).

I – Les différents personnages ci-dessus sont-ils considérés par vous comme violents ? Quelle note (de 0 à 10) pourriez-vous leur attribuer sur une échelle allant, de l'absence totale de violence (0), à la violence absolue (10). Inscrivez votre note dans la colonne « violence » en face de chaque nom.

II – Les différents personnages cités ont-ils contribué à l'Histoire d'une façon positive ? Attribuez-leur une note allant de 0 (contribution tout à fait négative) à 10 (contribution jugée très positive) et reportez cette note dans la colonne « contribution à l'Histoire » en face de chaque nom.

III – À votre avis quelle est la proportion de personnes qui, concernées par le pouvoir de ces hommes, y ont adhéré de leur plein gré ? Vous noterez de 0 (0 %) à 10 (100 %) et reporterez vos notes en face de chaque nom, dans la colonne intitulée « légitimité démocratique ».

IV – Quelle a pu être selon vous, la part de manipulation (machiavélisme) que ces personnages ont mis en œuvre pour parvenir à leurs fins ? Vous noterez de 0 (absence totale de sous-entendus manipulatoires) à 10 (cynisme et manipulation record). Reportez vos notes, en face de chaque personnage dans la colonne machiavélisme.

V – Ces personnages, sont-ils à votre avis des modèles de personnalité pathologique (malades, déséquilibrés, paranoïaques, pervers...) ou des gens équilibrés, solides, responsables et en possession de tous leurs moyens ? Entre ces deux extrêmes vous noterez les différents personnages de 0 à 10.

ANNEXE 3

	Violence	Histoire	Légitimité	Machiavél.	Solidarité
ARAFAT					
ATTILA					
BEN LADEN					
CASTRO					
CEAUCESCU					
CHIRAC					
DE GAULLE					
HITLER					
JEAN-PAUL II					
KENNEDY					
LOUIS XIV					
MANDELA					
MAO					
MITTERRAND					
NAPOLEON					
SADDAM					
STALINE					

Observations personnelles

Styles de pouvoir[1]

Objectifs

- Situer son style de pouvoir dans une organisation.
- Réfléchir sur la distribution du pouvoir au sein d'une organisation.
- Démontrer l'importance respective des structures de pouvoir centrées sur le chef, sur le système, sur les pairs ou sur les objectifs.

Matériel

- Un tableau et de quoi écrire.
- Un questionnaire par participant.
- Un tableau de dépouillement par participant.

Déroulement

- 8 à 12 participants (cadres d'entreprise de préférence).
- 1 h 30 environ.

L'animateur distribue un questionnaire à chaque participant.

Consignes :

(À faire figurer sur les questionnaires).

Voici une liste de 12 questions à remplir individuellement. Chacune des questions est suivie de quatre possibilités de réponse qui décrivent certaines réactions plus ou moins typiques rencontrées chez les responsables des entreprises à tous les niveaux dans la réalité quotidienne.

Votre travail consistera à distribuer 8 points parmi les 4 réponses possibles afin d'exprimer votre propre réaction. Toute répartition des points dont la somme est égale à 8 est correcte. Essayez donc de répartir les points à votre convenance.

Exemple : pour une question donnée :

		Répartition possible des points				
N[os] de réponse...	1	8	4	2	2	
	2	0	0	2	1	
	3	0	4	2	3	etc.
	4	0	0	2	2	

1. Cf. : Pare (John), *Quelle est votre structure de pouvoir ?* Canadian Business.

	Cotation
1 *Un vrai chef doit :*	
11. Rendre le travail le plus attrayant possible malgré d'inévitables contraintes.	
12. Savoir s'imposer en toutes circonstances.	
13. Connaître la législation et les moyens de la faire appliquer sans se faire déborder.	
14. Savoir déléguer le plus souvent possible les responsabilités aux personnes compétentes pour se consacrer aux prévisions.	
2 *Un bon collaborateur c'est :*	
15. Une personne à qui je peux inspirer de l'estime.	
16. Une personne travailleuse qui ne me cause pas de souci.	
17. Une personne qui comprend l'intérêt de son travail.	
18. Une personne disciplinée qui respecte les standards de production quels qu'ils soient.	
3 *Un programme de travail bien établi :*	
19. Indique clairement à chacun ce qu'on attend de lui, faute de quoi c'est la pagaille.	
20. Doit être défini avec l'accord de ceux qui auront à le mettre en œuvre ; ils sont alors motivés d'emblée.	
21. Traduit la pensée du patron que chacun s'empresse de déchiffrer.	
22. Indique les objectifs à chaque niveau de la hiérarchie et laisse à chacun, l'initiative des moyens à mettre en œuvre pour les atteindre.	
4 *Vis-à-vis d'un nouvel embauché :*	
23. Je lui décris les principaux objectifs visés par l'entreprise. Je précise ceux qu'on lui propose d'atteindre personnellement, compte tenu de ses souhaits et de ses compétences. Je spécifie les moyens mis à sa disposition et les échéances de contrôle.	
24. Je fais de mon mieux pour l'intégrer dans une équipe et pour que sa contribution soit accueillie de façon positive et harmonieuse.	
25. Je lui fais part des usages et des règlements qu'il s'agira de suivre et de respecter pour poursuivre une carrière sans problème.	
26. Je lui décris sa tâche et lui conseille de travailler dur pour mériter son salaire.	
5 *Quand il faut prendre une décision :*	
27. J'en réfère à mes chefs et je répercute au niveau de mes subordonnés selon les usages et les règles bien précis en vigueur dans la maison.	
28. Je la prends seul, car c'est pour cette raison qu'on me paie et je veille à ce qu'on l'exécute dans les moindres détails.	
29. Je délègue mes pouvoirs aux personnes les mieux informées qui rendront compte à tous, des résultats qu'ils prennent l'engagement de réaliser.	
30. Je réunis tous les intéressés pour discuter, dégager ensemble le plus large accord possible et voter les propositions, ce qui les implique d'emblée dans l'affaire.	

	Cotation
6 *Je m'aperçois qu'un conflit se déclare dans mon service entre deux personnes :*	
31. Je l'arrête net, ou je fais mine de l'ignorer car ce n'est pas mon problème.	
32. Je profite de l'occasion pour tenter de comprendre les motifs des protagonistes dans leur recherche éventuelle de reconnaissance, d'acceptation ou d'attribution de responsabilités nouvelles. J'examine avec eux les possibilités de solution.	
33. Je rappelle aux protagonistes, les procédures à suivre en cas de problèmes particuliers et de différends relevant d'un arbitrage.	
34. Je tente de minimiser l'affaire et de rechercher un compromis acceptable pour sauvegarder le bon climat ambiant.	
7 *Être responsable, c'est pour un chef :*	
35. Faire en sorte que les gens qu'il dirige puissent s'exprimer largement et trouver le plus de satisfaction possible dans leur travail.	
36. Transmettre et faire appliquer les directives qu'il reçoit lui-même de ses chefs, conformément aux descriptions précises des fonctions de chacun.	
37. Agir seul, en sachant se faire approuver de tous avec le minimum de discussion.	
38. Savoir en toute occasion distribuer les tâches aux personnes compétentes et susceptibles d'obtenir les meilleurs résultats après engagement formel de leur part.	
8 *Si un subordonné prend une initiative non prévue pour accomplir sa tâche, il convient de :*	
39. L'encourager et diffuser au maximum son idée dans l'espoir que d'autres prendront en charge leurs problèmes avec le même intérêt. Étouffer les initiatives, c'est créer à terme l'apathie.	
40. Lui rappeler les consignes et les prescriptions en lui faisant comprendre les problèmes posés à l'organisation si tout le monde se mettait à faire comme lui.	
41. Lui donner l'ordre formel de faire son travail convenablement, de la façon prévue par l'autorité compétente.	
42. Le laisser faire si toutefois ses bonnes relations avec les autres n'en sont pas affectées ; après tout le résultat seul compte.	
9 *Pour maintenir un bon climat parmi mes subordonnés il faut :*	
43. Éliminer toute cause de tension préjudiciable, en veillant à l'application stricte des règlements qui permettent une sécurité bénéfique à l'éclosion des meilleures relations possibles entre les gens.	
44. S'attacher personnellement à mettre les gens en confiance, pour qu'ils se sentent à l'aise, au calme, décontractés.	
45. Faire toujours le nécessaire pour prévenir le plus possible les « orages » et ne pas laisser aux gens d'occasion, de se poser des problèmes.	
46. Entraîner les gens à affronter d'inévitables contradictions tout en leur laissant les moyens de résoudre par eux-mêmes leurs difficultés, avec mon aide éventuelle.	

	Cotation
10 *Un subordonné me fait des réflexions désagréables à propos de son salaire :*	
47. Je l'encourage seulement s'il m'apparaît constructif dans ses propositions.	
48. Je l'encourage à s'exprimer, pour créer une atmosphère de compréhension réciproque et de sincérité.	
49. Je l'apaise en relativisant son problème et en le resituant dans son contexte national ou catégoriel.	
50. Les réflexions sont inacceptables. S'il n'est pas heureux ici, je lui signifie que la porte est grande ouverte.	
11 *Dans le fond, mes subordonnés :*	
51. Sont bien contents de me voir assumer toutes les responsabilités, car ils préfèrent de loin être dirigés et contrôlés.	
52. Ont besoin d'être encadrés et contrôlés pour bien suivre les directives venues d'en haut ; c'est l'essentiel de mon travail.	
53. Me témoignent de la reconnaissance pour mes efforts et mon attitude compréhensive, ouverte aux relations humaines.	
54. Sont capables pour la plupart d'exercer leurs capacités d'autodirection et d'autocontrôle pour peu qu'on leur en laisse les moyens.	
12 *L'évaluation de mon personnel est principalement en fonction :*	
55. De la conformité de leurs performances aux standards fixés pour la période en question.	
56. De la personnalité des gens, de leur caractère sociable et adaptable, de leur capacité à éviter les conflits et à résoudre les problèmes.	
57. De leurs réalisations liées à des objectifs fixés ensemble.	
58. De ce que je vois et de ce qu'on me raconte sur les gens.	

Une fois le questionnaire rempli, l'animateur affiche au tableau la « clé » de regroupement des réponses, en fonction de quatre styles de pouvoir A, B, C et D.

QUESTIONS	A		B		C		D	
1	12		13		11		14	
2	16		18		15		17	
3	21		19		20		22	
4	26		25		24		23	
5	28		27		30		29	
6	31		33		34		32	
7	37		36		35		38	
8	42		41		40		39	
9	46		43		44		45	
10	50		49		48		47	
11	51		52		53		54	
12	58		55		56		57	
	TOTAL A		TOTAL B		TOTAL C		TOTAL D	

Ce tableau peut être également distribué aux participants pour leur permettre de calculer leur score. L'animateur aura soin d'en prévoir un nombre suffisant. L'animateur explique comment reporter ces résultats sur le tableau. La tâche de chacun consiste à reporter les points attribués à côté de chaque possibilité de réponse.

Exemple :

À la 1re question, vous avez attribué les 8 points à la première réponse et 0 aux autres.

À la 2e question, vous avez attribué vos 8 points sur les réponses de la faon suivante :

Réponse 15.......... 3 points
Réponse 16.......... 2 points
Réponse 17.......... 2 points
Réponse 18.......... 1 point

On retrouvera ces résultats disposés comme suit sur le tableau :

QUESTIONS	A		B		C		D	
1 2 3 4 ...	12 16 21 26 ...		13 18 19 25 ...		11 15 20 24 ...		14 17 22 23 ...	0 2
	TOTAL A		TOTAL B		TOTAL C		TOTAL D	

Les lettres A, B, C et D représentent 4 « styles de pouvoir » particuliers. On pourra les faire rechercher et définir par les participants à partir des questions auxquelles ils ont répondu et du tableau qu'ils possèdent. Ces lettres correspondent aux 4 styles de pouvoir définis par John PARE :

A. Centré sur le chef
B. Centré sur le système
C. Centré sur les pairs
D. Centré sur les objectifs.

Une fois les résultats reportés, faire calculer les totaux par colonne. Chaque participant obtient alors une « formule » composée de 4 nombres. Le chiffre le plus élevé correspond vraisemblablement au style qu'il adopte le plus fréquemment. Les autres traduisent, en fonction de leur importance relative, les variantes possibles au style dominant, recours éventuels en cas d'inefficacité notoire de la mise en œuvre de celui-ci.

Remarques générales

1. L'inconvénient majeur d'un questionnaire est qu'il suppose de la part des répondeurs, une authenticité difficile à contrôler. Ce genre

« d'outil » teste parfois davantage ce que les participants voudraient être que ce qu'ils sont en réalité.

C'est pourquoi une variante de cet exercice consiste à faire répondre à deux reprises au questionnaire : une fois sur la façon dont les participants perçoivent leur réalité et une autre fois (autre colonne à rajouter) sur la façon dont ils souhaiteraient voir évoluer les relations au sein de leur entreprise.

2. *Quelques données complémentaires sur les différents types de pouvoir cités* (cf. John Pare, Canadian Business)

A. *Pouvoir centré sur le chef* (autocratique).

Le patron se considère comme la source unique du pouvoir ; sa conviction intime est que seule sa propre initiative est susceptible de maintenir le contrôle et d'amorcer un changement dans son organisation.

Sa seule volonté compte par-delà toute considération particulière fondée ou non.

Il pense sincèrement que les individus ont besoin d'être dirigés et contrôlés car ils éprouvent en général une aversion innée pour le travail. Lui seul (avec quelques adjoints dévoués) est capable de concevoir, créer, orienter, animer de son souffle, la vie de l'entreprise.

B. *Pouvoir centré sur le système* (bureaucratique) cf. M. Crozier.

Les sources de contrôle et de changement dans l'organisation sont étroitement liées aux règlements, procédures, standards et jurisprudence interne. Les systèmes régissent la vie de l'organisation, la recherche est constante de gains de cohérence interne : tout est prévu jusqu'à l'absurde. Les moyens deviennent vite des fins et les objectifs de l'organisation sont perdus de vue.

La conviction des agents dirigeants du système est encore que l'individu moyen éprouve une aversion innée pour le travail. Il convient donc de tout codifier et de tout prévoir pour le forcer, le contrôler, le diriger, le menacer pour parvenir à ce qu'il contribue à réaliser les objectifs de l'organisation. L'accumulation des règlements protège chacun à l'avance contre l'éventualité de « face à face » conflictuels et préjudiciables.

C. *Pouvoir centré sur les pairs.*

Ce type de pouvoir s'instaure souvent en réaction contre les précédents : le chef sensible et compréhensif est la source du changement et des contrôles. Il est partisan des relations humaines, des contacts, de l'animation démocratique des réunions. Les besoins du groupe sont pris en compte et interprétés dans le sens d'un bon salaire, de bonnes conditions de travail et d'avantages sociaux appréciables. Le bon climat et les bonnes relations entre pairs priment l'observation rigoureuse des règlements. Bien s'entendre avec tous, être apprécié et approuvé par ses collaborateurs, tels sont les objectifs personnels du manager centré sur les pairs.

D. *Pouvoir centré sur les objectifs.*

La direction part du principe que la plupart des gens peuvent se diriger et se contrôler eux-mêmes pour atteindre des objectifs dont ils sont responsables.

Si on leur fournit les moyens de comprendre et d'élaborer en partie leurs objectifs, ils exerceront leurs capacités d'autodirection et d'autocontrôle pour les réaliser.

Le manager « centré sur les objectifs » facilite une compatibilité optimale entre les objectifs poursuivis par l'organisation et les objectifs personnels du personnel.

« Les objectifs remplacent à la fois le patron, le système et les pairs comme source principale de contrôle et de changement de l'organisation » : ce type de direction dynamique, adaptable et flexible tient compte des aspirations qui se font jour à notre époque.

Observations personnelles

Les motivations au travail

Objectifs

- Faciliter l'expression des besoins ressentis par les participants dans leur travail.
- Améliorer leur compréhension, des sources diverses de la motivation humaine.
- Amorcer une réflexion critique sur les motivations au travail.

Matériel

- Une liste de « besoins » par participant.
- Papier et crayons.
- Un tableau grand et large.

Déroulement

- 8 à 12 participants (salariés, exerçant une profession).
- 1 h 30 environ.

L'animateur distribue une liste à tous les participants. Il leur fait part de son intention d'explorer avec eux le domaine, encore mal connu, des motivations au travail.

Consignes :

« Vous trouverez ci-dessous une liste de 35 motifs de satisfaction, décrits comme importants par un groupe de salariés. Sélectionnez-en 7 qui vous paraissent, à vous, particulièrement importants et signifiants en l'état actuel des choses. »

1. Avoir un supérieur compétent et efficace.
2. Participation fréquente à des réunions.
3. Liberté de prendre des risques.
4. Définition rigoureuse des postes et des fonctions.
5. Sécurité de l'emploi.
6. Prestige de l'entreprise (coefficient d'attraction élevé).
7. Choix possible d'une date de vacances.
8. Compagnons de travail sympathiques.
9. Possibilité de mettre en pratique ses propres idées.
10. Possibilité d'avancement et de promotion.
11. Plan de carrière défini.
12. Bonne intégration dans son groupe de travail.
13. Entreprise près du domicile.

14. Considération portée habituellement au travail de qualité.
15. Liberté dans le travail.
16. Position et statut dans l'entreprise.
17. Communications encouragées entre les individus.
18. Cadre et environnement agréables.
19. Entreprise sérieuse et solide.
20. Salaire élevé.
21. Possibilités réelles de formation et de développement personnels.
22. Bien connaître les règlements et les sanctions éventuelles.
23. Respect des individus considérés comme des personnes.
24. Horaires compatibles avec la vie de famille.
25. Exercer d'importantes responsabilités.
26. Avantages « économiques » (aides financières, avances, réductions, prêts).
27. Contrôle du travail fiable et efficace de la part de l'encadrement.
28. Pouvoir se tenir au courant de la vie de l'entreprise.
29. Être convaincu de l'utilité et de l'importance de son travail.
30. Être publiquement complimenté par son chef.
31. Longues périodes de vacances, (congés, repos, loisirs...).
32. S'épanouir dans un travail stimulant et intéressant.
33. Avantages sociaux particuliers (retraite, pension, assurances...).
34. Accord complet avec les objectifs et la politique suivis par l'entreprise.
35. Possibilité de choisir ses heures de travail.

Une fois choisis 7 motifs de satisfaction, les participants sont invités à les classer entre eux : du plus important au moins indispensable. L'animateur fait alors un tour de table, en demandant à chacun de lui indiquer son classement et d'ajouter quelques mots d'explication à l'occasion.

Pour reporter les choix au tableau, il trace un tiret en face du numéro choisi. Pour ce faire, il utilise 3 couleurs : le rouge pour les numéros classés en tête, le bleu pour les numéros cités les derniers et le blanc pour les autres. Il peut ainsi cumuler les résultats des uns et des autres (histogramme).

Exemple de tableau :

1	8	15	22	29
2	9	16	23	30
3	10	17	24	31
4	11	18	25	32
5	12	19	26	33
6	13	20	27	34
7	14	21	28	35

La « tendance » du groupe se dégage peu à peu et se repère aussi bien par les gros chiffres que par les absences de choix.

L'animateur peut procéder à l'analyse de ces résultats avec l'aide des participants et identifier leurs préoccupations (convergence et concentration des choix).

Références

Cet exercice permet d'introduire les grandes lignes des travaux d'Abraham MASLOW et de Frédérick HERZBERG.

L'explication de MASLOW est schématisée par sa « pyramide des besoins ». On pourra donner quelques mots d'explication aux participants et leur faire repérer, grâce à leurs réponses, les « niveaux » dans lesquels ils se sont situés. D'après MASLOW, un besoin d'une strate inférieure doit être raisonnablement satisfait pour que puisse émerger le besoin de la strate directement supérieure.

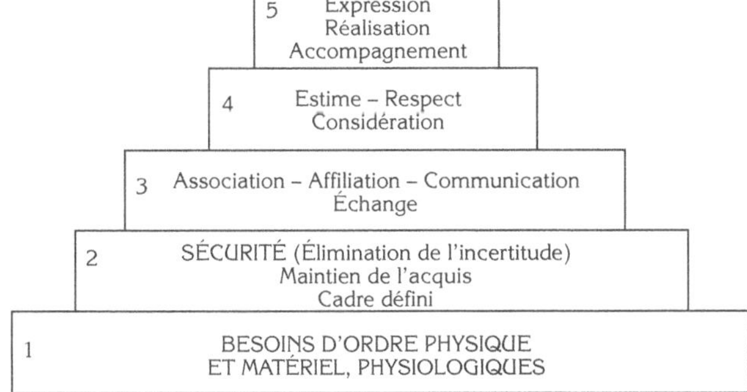

Les numéros des « motifs » peuvent être rangés, grosso modo, dans les strates définies par Maslow.

	Numéros des motifs						
Strate 5	3.	9.	15.	21.	25.	32.	34.
Strate 4	6.	10.	14.	16.	20.	29.	30.
Strate 3	1.	2.	8.	12.	17.	23.	28.
Strate 2	4.	5.	11.	19.	22.	27.	33.
Strate 1	7.	13.	18.	24.	26.	31.	35.

Chacun tente alors de se situer dans la « pyramide ». On constate souvent une prédilection pour les strates les plus élevées. Les résultats cumulés du groupe (1er tableau) viennent confirmer cette tendance.

L'animateur lance le débat sur le déplacement progressif actuel des motivations (du bas vers le haut) en ayant soin de critiquer les aspects réducteur, simpliste et parfois contradictoire de cette représentation pyramidale).

Observations personnelles

Chapitre 3

ÉVALUATION

Évaluer c'est apprécier la valeur, le prix, l'importance d'une chose, d'un événement, d'un comportement...

L'évaluation permet à un groupe donné, ainsi qu'à chacun de ses membres, de comprendre son propre cheminement et d'analyser son évolution entre une phase initiale et une phase finale.

Grâce à elle chacun peut donc juger des progrès réalisés ici ou là en regard des objectifs fixés au départ.

Un groupe confronté à une tâche éprouve assez vite, la nécessité de situer son action, de savoir où il en est, de faire le point, sous peine de se laisser entraîner à la dérive hors du champ défini par les objectifs, ou de se disperser au gré des événements et des circonstances.

L'autoperception d'un groupe par ses membres –, la « transparence », – est rare, éphémère et fugitive. Les données conscientes et inconscientes s'entremêlent à chaque moment en conjuguant leurs logiques propres. Revenir sur des expériences antérieures, en retrouver les fils conducteurs ; en décoder la logique constituent autant de moyens pratiques de donner un sens mieux compris à son action ultérieure. Constater le maximum de faits, élucider certains points cachés, porter un jugement de valeur sur l'écart qui peut séparer le stade final d'une action, des projets initiaux destinés à la mettre en œuvre, c'est, en fin de compte, faciliter la rectification d'une trajectoire constamment infléchie par le jeu des multiples forces en présence dans toute situation de groupe.

Une évaluation s'entreprend donc par rapport à des objectifs ou à des moyens. Il ne s'agit pas de juger des personnes en les accablant, ni même en les couvrant d'éloges ; pas plus de les culpabiliser, en soulignant l'importance de l'écart creusé entre leur désir et leur réalité. Les dimensions normatives de l'évaluation s'appliqueront à des rôles joués dans des situations particulières, déterminées par de nombreux facteurs qu'on pourra s'ingénier à identifier (culturels, sociaux, économiques, politiques...).

Au cours d'une évaluation, le groupe est donc mis en situation d'examiner son passé, de pratiquer l'auto-analyse, d'être intelligent (au sens d'« *intus-legere* », c'est-à-dire lire à l'intérieur, décoder les apparences...).

Si certains participants recherchent et apprécient l'éclaircissement de leurs conduites en groupe, d'autres le redoutent. Certains aspects cachés susceptibles de provoquer à l'occasion des affrontements, des tensions ou des révélations trop intimes sont vécus comme dangereux.

L'art de l'animateur consistera à mettre en œuvre un dispositif d'évaluation « acceptable » pour le groupe, en respectant ses capacités d'auto-analyse et d'autocritique, ses rythmes de fonctionnement particuliers et la diversité des personnes qui le composent.

Rôles joués dans un groupe

OBJECTIFS

- Faciliter à un observateur la perception et l'évaluation des rôles.
- Permettre une analyse mieux argumentée de la dynamique des échanges.

MATÉRIEL

- Cet exercice vient en complément d'autres exercices consacrés à des discussions de groupe.
- Participants : entre 8 et 12, plus autant d'observateurs.
- Durée 1 heure environ d'exploitation des fiches par les observateurs.

DÉROULEMENT

Placez-vous de façon à observer, sans obstacle, un des participants à une discussion de groupe.

Essayez de repérer et de caractériser son comportement en termes de « rôle ».

Pour vous y aider, lisez la liste proposée des rôles ci-dessous. Inscrivez une croix (ou plusieurs selon l'intensité perçue) en face des propositions qui correspondent le mieux à vos impressions. (Ajoutez des propositions si bon vous semble).

Chaque colonne située à droite représente une tranche de 15 minutes et peut vous aider à rendre compte d'une évolution en fin de parcours.

	Début	15'	15'	15'	15'	Fin
1. Recherche la sympathie.						
2. Recherche des opinions ou des informations.						
3. Tente d'harmoniser les points de vue, coordonne.						
4. Aide et encourage.						
5. Clarifie ce qui se dit ou ce qui se passe.						
6. Donne ses impressions en retour (feed-back).						
7. Détend l'atmosphère.						
8. Fait la synthèse partielle, les bilans, reformule.						
9. Se préoccupe des procédures, de la sauvegarde des limites.						
10. Affirme, donne des informations ou des opinions.						
11. Prend l'initiative, oriente, influence.						
12. Coopère, collabore.						
13. Domine ou veut dominer.						
14. Monopolise l'attention ou la parole.						
15. S'oppose, bloque les mécanismes, sabote.						
16. Est agressif, attaque ; se défend.						
17. Provoque des sentiments négatifs.						
18. Juge et dévalorise les autres.						
19. Cherche (en vain) à être reconnu.						
20. Tente de manipuler les autres.						
21. Négocie en fonction de son intérêt.						
22. Manifeste ostensiblement son manque d'intérêt.						
23. Suit les autres (passivité, inconsistance).						
24. Évite de participer, de s'impliquer (timidité, désintérêt).						

Variantes

1. Au lieu d'inscrire des croix dans les colonnes vous pouvez les remplir par des numéros d'ordre d'apparition :1, 2, 3, 4... Ce qui rendra encore mieux, compte de l'évolution des rôles dans le temps.
2. Vous pouvez remplacer les colonnes découpant le temps par des colonnes précisant la fréquence d'apparition des rôles : 1re colonne, jamais ; 2e colonne, un peu ; 3e colonne, quelquefois ; 4e colonne, souvent ; 5e colonne, fréquemment.
3. Vous pouvez observer à l'aide de cette grille non pas une seule personne, mais plusieurs. Chaque colonne représentera le comportement d'un participant dont les rôles seront pointés par un signe lorsqu'ils apparaîtront.

Remarques générales

Après la discussion préalable à l'exploitation de cette fiche, chaque membre du groupe peut être invité à s'exprimer sur la façon dont il a perçu et apprécié sa participation. Ce procédé lui permet de prendre les devants d'une critique éventuelle, qui sera moins mal ressentie après coup. Les observateurs sont ensuite sollicités pour donner leurs impressions. Ils le feront à l'aide de leur fiche d'observation en tentant de resituer le comportement individuel observé dans le contexte total vécu par le groupe.

Attention

Cet exercice n'a pas pour objet d'insécuriser outre mesure des personnes fragiles mais d'aider chacun à mieux connaître ses réactions et son comportement en groupe. L'animateur aura à cœur d'intervenir si les comptes rendus des observateurs sont trop incisifs et sans précaution. Le droit de « réponse » de l'intéressé doit être possible, en tout état de cause.

Observations personnelles

Appréciation du climat d'un groupe (par les participants)

Objectifs

- Aider un groupe à évaluer son propre fonctionnement.
- Fournir un moyen pour explorer en commun, la participation des membres du groupe.

Matériel

- Feuilles d'inventaire pour chaque participant.
- Tableau de papier et crayons.

Déroulement

- La durée dépend de l'importance accordée à l'évaluation : 1 h à 2 heures.
- 8 à 12 membres.

Après un exercice ou une session vécue en groupe, l'animateur distribue des feuilles d'inventaire. Il demande aux participants de les remplir individuellement.

Lorsque tout le monde a fini, on peut procéder à une discussion de groupe :

- soit en effectuant un tour de table initial pour que chacun exprime son score et le commente,
- soit en relevant au tableau les différents scores obtenus pour les quatre catégories et en suscitant les commentaires.

Consignes

L'inventaire qui suit va vous permettre d'affiner votre perception personnelle du climat qui a pu régner dans ce groupe ; il consiste à effectuer une série de pronostics sur la façon dont vous pensez que le groupe, amené à vivre une nouvelle expérience, pourrait réagir à votre égard.

Vous passerez donc en revue, une série de 16 considérations qu'il vous faudra apprécier à l'aide des notes suivantes :

0 = certainement jamais
1 = très rarement
2 = parfois, à l'occasion
3 = ordinairement
4 = attitude fréquente
5 = attitude systématique

FEUILLE D'INVENTAIRE

Dans une nouvelle situation de groupe, avec les mêmes participants, devrais-je m'attendre à ce qu'ils puissent :

CONSIGNES

	Notation de 0 à 5
1. M'accepter comme je suis	
2. Interrompre ou ignorer mes commentaires	
3. Faire l'effort de comprendre ce que je veux dire	
4. Partager avec moi de façon authentique	
5. Créer une atmosphère où je puisse être moi-même...............................	
6. Tourner en ridicule ou désapprouver mes prises de positions particulières	
7. Me respecter en tant que personne quels que soient mes statuts par ailleurs	
8. Se rendre tout de suite compte quand quelque chose m'ennuie	
9. Manifester une totale franchise à mon égard......................................	
10. Réagir en portant des jugements sur moi..	
11. M'inclure dans la vie du groupe	
12. Bien percevoir le genre de personne que je suis	
13. Ménager mes sentiments en gardant pour eux ce qu'ils pensent..............	
14. Me porter de l'intérêt	
15. Mal interpréter ce que je dis ou ce que je fais.......................................	
16. Se sentir libres de me faire savoir quand je les « embête »	

On peut maintenant regrouper les séries sous 4 rubriques (comprenant chacune 4 « items ») :

AUTHENTICITÉ (4-9 – [13] – 16) =

COMPRÉHENSION (3-8-12 – [15]) =

ESTIME ([2]-7-11-14) =

ACCEPTATION (1-5-[6] – 10) =

Les « items » entourés sont à soustraire et non à ajouter.

Remarques générales

Les scores obtenus servent de prétexte pour entamer une discussion à propos des 4 rubriques : authenticité, compréhension, estime, acceptation.

L'exploitation de ces résultats suppose beaucoup de prudence de la part de l'animateur : il est rare que les participants d'un groupe laissent tomber leurs « défenses » d'emblée pour tenter d'expliquer calmement leurs comportements et celui des autres. Si le climat s'y prête, cet exercice peut aider à poser des questions intéressantes pour les membres du groupe.

Observations personnelles

Analyse des phénomènes vécus par un groupe confronté à une tâche

Objectifs

- Faciliter l'analyse des phénomènes vécus dans un groupe en les rapportant à une « norme » formulée en termes positifs.
- Permettre une réflexion sur « la meilleure façon de collaborer en groupe » par les membres du groupe eux-mêmes.

Matériel

- Une fiche d'analyse par personne.
- Un tableau et de quoi écrire.

Déroulement

- 8 à 12 participants.
- Durée : 1 heure environ.
- On utilisera avec profit cet exercice comme mode possible d'évaluation d'un travail de groupe.
- L'animateur distribuera à chaque membre du groupe ainsi qu'aux observateurs, une fiche (Annexe).
- Les participants et observateurs remplissent leur fiche en silence.
- Une fois, les fiches remplies les résultats sont collectés et affichés au tableau.
- Une discussion pourra aborder les problèmes rencontrés par le groupe dans son fonctionnement en relation avec les propositions formulées en termes « positifs ». Une critique de la fiche pourra être suscitée ; la notion de « groupe idéal » servira de référence.

ANNEXE

Étude des phénomènes de groupes confrontés à une tâche.

Consignes

Vous trouverez ci-dessous dix propositions tendant à analyser les phénomènes de groupes confrontés à une tâche. Votre travail consiste à entourer un chiffre entre Oui (6) et Non (0) pour situer votre propre comportement en tant que groupe.

Oui Non
6543210

A – Les objectifs du groupe ont été clarifiés d'emblée, compris et acceptés par tous dès le départ.

Oui Non
6543210

B – Les participants ont su mettre en œuvre et mobiliser sans restriction tous les moyens dont ils disposent, pour atteindre les objectifs.

Oui Non
6543210

C – Les participants ont veillé à maintenir entre eux une cohésion suffisante pour ne pas entraver la progression du groupe vers ses objectifs.

Oui Non
6543210

D – Les participants ont trouvé un maximum de satisfactions personnelles dans l'accomplissement de la tâche commune, tant était grande la convergence de leurs intérêts.

Oui Non
6543210

E – Le groupe s'est adapté au fur et à mesure de la situation, en utilisant ses ressources avec habileté et efficacité.

Oui Non
6543210

F – Le groupe a écouté et pris en compte les remarques de tous ses membres avant de prendre des décisions réalistes par accord unanime.

Oui Non
6543210

G – Les participants ont constamment fait preuve d'un esprit de coopération, d'ouverture et de confiance mutuelle.

Oui Non
6543210

H – Les participants ont opté rapidement pour une procédure de régulation des échanges, adaptée au problème, et pour une méthode de travail adéquate ; le leadership occasionnel de certains membres a rendu des services appréciables.

Oui Non
6543210

I – Le groupe a pu aborder spontanément ses conflits internes avec franchise et lucidité. Les questions litigieuses ont été débattues dans un climat serein, positif et propre à enrichir ses perspectives globales

Oui Non
6543210

J – Le groupe a pleinement réalisé ses objectifs en temps voulu, à la satisfaction générale.

Remarques générales

Le tableau récapitulatif pourra se présenter ainsi :

RÉPONSES / PROPOSIT.	6	5	4	3	2	1	0	TOTAUX
A								
B								
C								
D								
⋮								

L'animateur demandera par exemple :

- Pour la proposition A, quels sont ceux qui ont répondu 6, 5, 4, 3... et il notera au tableau le nombre de mains levées à l'intersection de la proposition et de la réponse.

Ce tableau illustrera schématiquement la tendance perçue par le groupe (concentration, dispersion, accord, désaccord)

Observations personnelles

Difficultés de fonctionnement des groupes

Objectifs

- Évaluer les difficultés rencontrées dans le fonctionnement d'un groupe.

Matériel

- Une liste par participant.
- Un tableau, et de quoi écrire.

Déroulement

Indication : utiliser cet inventaire à l'issue d'un exercice de groupe ou pour aborder une réflexion sur les groupes.

L'animateur distribue à chaque participant une liste de 42 propositions. Il recommande à chacun de la lire en entier, individuellement et en silence, et de repérer 7 causes particulières de difficultés qu'il estime, par expérience, plus importantes que les autres pour les avoir rencontrées lui-même (cf. Annexe).

Chaque participant devra donc entourer les numéros d'ordre des 7 propositions choisies (le chiffre 7 est à la fois symbolique et arbitraire).

En attendant les résultats, l'animateur prépare le tableau. Il inscrit les numéros (de 1 à 42) de façon à pouvoir relever les choix sur chacune d'elles.

EXEMPLE DU TYPE DE TABLEAU

1	8	15	22	29	36
2	9	16	23	30	37
3	10	17	24	31	38
4	11	18	25	32	39
5	12	19	26	33	40
6	13	20	27	34	41
7	14	21	28	35	42

Lorsque tous ont fait leur choix, l'animateur peut procéder de plusieurs façons :

1. Soit demander au groupe : « Combien de participants ont porté leur choix sur le n° 1 ? » et relever le total à côté du n° 1 (en dessinant des bâtons correspondants), Continuer avec les n° 2, 3, 4, etc. jusqu'au n° 42. À la fin de cette opération, entourer les gros chiffres et amorcer une discussion avec le groupe, sur les difficultés inhérentes aux relations dans les groupes. Les propositions les plus choisies sont aussi intéressantes à analyser, que les propositions les moins choisies.
2. Soit demander progressivement à chacun (si les participants ne sont pas très nombreux) d'énumérer 7 choix en les commentant brièvement. L'animateur notera les choix au tableau (un bâton en face de chaque n° retenu) ; il additionnera les bâtons à la fin du tour de table et analysera avec le groupe, les résultats obtenus. (Si le groupe a fonctionné avant d'effectuer ce travail, on peut lui poser la question de savoir si le tableau ne traduit pas le portrait robot de ses propres difficultés).

ANNEXE

Liste de difficultés rencontrées dans le fonctionnement des groupes confrontés à une tâche.

1. Absence totale d'accord sur les objectifs et la procédure à suivre.
2. Recherche d'une valorisation individuelle par les participants.
3. Réticences insurmontables à prendre des décisions.
4. Dénigrement systématique de tout candidat au leadership.
5. Le maintien de bonnes relations a pris le pas sur l'efficacité.
6. Aucun souci de gestion du temps.
7. Intolérance parmi les membres pour tout écart aux « normes ».
8. Non implication volontaire d'une partie des membres du groupe.
9. Antipathies notoires entre quelques membres du groupe.
10. Déviation totale du groupe, par rapport à ses objectifs initiaux.
11. Importance démesurée accordée à des détails sans importance.
12. Déclarations sur l'égalité absolue des membres et leur totale interchangeabilité.
13. Mise à l'écart volontaire ou non, d'une partie des membres du groupe.
14. Collaboration problématique de plusieurs niveaux hiérarchiques.
15. Émergence tardive d'idées ou d'informations indispensables au démarrage du groupe.
16. Méfiance générale entre les participants.

17. Ferme maintien des positions de chacun avant comme après les votes.
18. Discussions sans fin sur la légitimité du leader ou sa compétence.
19. Peur des jugements et de l'opinion d'autrui (inhibition, timidité).
20. Prudence et autocensure manifestes de la part de certains.
21. Conflits irréductibles portant sur les croyances politiques, religieuses, idéologiques.
22. Interruptions systématiques rendant impossible toute discussion suivie.
23. Refuge constant derrière le protocole ou les procédures.
24. Conformisme rigide des membres et absence de créativité.
25. Lieu et cadre de la discussion inadaptés aux échanges interpersonnels.
26. Hâte excessive pour régler les problèmes sans les aborder vraiment. Parodie.
27. Attitudes défensives : intellectualisation, interprétation, ironie, diversion.
28. Rivalité d'influence entre leaders tendant à imposer leur point de vue.
29. Refuge de certains, derrière l'éloquence de « porte-parole ? » spontanés ou élus.
30. Attente vaine du moment adéquat pour exprimer son avis.
31. Incapacité du groupe à définir ou clarifier des objectifs cohérents.
32. Passions et sentiments l'emportant sur les perspectives rationnelles.
33. Le clivage en « sous-groupes ? » détériore l'esprit de coopération des membres.
34. Abandon trop rapide des positions personnelles de la part de certains membres.
35. Présence dans le groupe imposée par d'autres (hiérarchie, organisation...).
36. Ignorance partielle ou totale de la tâche à accomplir. Nouveauté totale.
37. Aucune prise en compte des connaissances particulières par le groupe.
38. Les conclusions doivent moins à la logique qu'à l'âpreté des négociations.
39. Un membre tente de manipuler et de contrôler le groupe ou certains participants.
40. Accaparement de la parole par un participant intarissable.
41. Utilisation du groupe pour exposer ses confidences ou ses intérêts.
42. Prises de décisions arrachées par un leader « sur-activé », une minorité entraînante ou une majorité peu scrupuleuse.

Remarques générales

Cette liste est arbitraire et bien sûr non exhaustive ; les participants, s'ils le souhaitent, peuvent rajouter des propositions jugées plus adéquates à décrire certains comportements.

L'animateur peut inviter les participants à regrouper les propositions sous un nombre limité de rubriques identifiant les grands courants de difficultés (liées à soi, aux autres, à la tâche elle-même, à la structuration du groupe, etc.).

Observations personnelles

Examen des contributions à la vie d'un groupe[1]

Objectif

- Faciliter à un participant une auto-évaluation rétrospective de ses propres comportements au cours d'un stage.
- Évaluer la contribution d'un membre à la progression du groupe vers ses objectifs et au maintien de la cohésion interne de ce groupe.
- Rassembler et comparer terme à terme les « auto » et les « hétéro » perceptions concernant chaque membre d'un groupe.

Matériel

- Quatre feuilles par participants (Annexes 1, 2, 3 et 4).
- Papier et crayons pour chacun.

Déroulement

- 8 à 15 participants.
- Durée : deux heures environ.

I – AUTO-ÉVALUATION

À la fin d'un stage ayant comporté une vie de groupe, l'animateur distribue à tous les participants deux questionnaires (Annexes 1 et 2) pour que chacun procède à une auto-évaluation de ses comportements.

Deux axes de réflexion privilégiés orientent les propositions des deux questionnaires

- 1. La progression du groupe vers ses objectifs (Annexe 1).
- 2. Le maintien de la cohésion du groupe (Annexe 2).

Chaque questionnaire contient 12 propositions ; chacune d'elles est suivie d'une échelle en 5 points. Cette graduation permet d'enregistrer certaines nuances de jugement. Inscrire une croix dans :

le chiffre 1 signifie : « très peu », « pratiquement jamais »,

le chiffre 2 signifie : « un peu », « rarement »,

le chiffre 3 signifie : « quelquefois », « moyennement »,

le chiffre 4 signifie : « assez souvent », « assez fortement »,

le chiffre 5 signifie « très intensément », « très fréquemment ».

---

1. (Adapté de Misumi, grille d'analyse. Instrument d'auto-évaluation assistée).

Chaque participant travaille individuellement. Après quoi l'animateur distribue (Annexe 3) le tableau récapitulatif des résultats quantitatifs obtenus à l'aide de ces questionnaires individuels.

ANNEXE 1

Auto-perception de son comportement au cours d'un stage.
Contribution à la progression du groupe vers ses objectifs.

1 2 3 4 5

1. Avoir pris la responsabilité d'opérations concrètes nécessaires à l'efficacité du travail (horaires, disposition des places, services divers).

1 2 3 4 5

2. Avoir collaboré à des travaux de synthèse entrepris dans le groupe.

1 2 3 4 5

3. Avoir su solliciter judicieusement la contribution positive de synthèse entrepris dans le groupe.

1 2 3 4 5

4. Avoir apporté au groupe des idées neuves ou stimulé sa créativité de façon bénéfique pour tous.

1 2 3 4 5

5. Avoir encouragé certains participants à exprimer et préciser leurs conceptions ou leurs attitudes.

1 2 3 4 5

6. Avoir contribué à lever certaines difficultés (d'ordre culturel ou intellectuel) qui entravaient la progression du groupe vers ses objectifs.

1 2 3 4 5

7. Avoir travaillé à la programmation d'étapes et à la gestion du temps pour les différents travaux du groupe.

1 2 3 4 5

8. Avoir défendu ses opinions avec vigueur et fermeté s'il fallait.

1 2 3 4 5

9. Avoir soutenu activement les tentatives de démarches ou les ébauches de solution possible, d'où qu'elles proviennent.

1 2 3 4 5

10. Avoir contribué à rechercher des améliorations pour les méthodes de travail.

1 2 3 4 5

11. Avoir incité le groupe avec force à recentrer son action ou sa vie de relation sur les objectifs du stage.

1 2 3 4 5

12. Avoir fait un effort pour mieux conceptualiser sa pensée et pour la rendre plus claire à tous lorsqu'elle avait trait aux travaux du groupe.

ANNEXE 2

Auto-perception de son comportement au cours d'un stage. Contribution au maintien de la cohésion du groupe.

1 2 3 4 5

1. S'être montré attentif à ce que les isolés ou les minorités du groupe aient pu s'exprimer dans un climat réceptif.

1 2 3 4 5

2. S'être efforcé d'accueillir avec bienveillance les sentiments exprimés dans le groupe au cours du stage.

1 2 3 4 5

4. S'être attaché à coopérer aux actions de régulation du groupe suscitées par les animateurs du stage.

1 2 3 4 5

5. S'être arrangé pour favoriser à certains moments la reconnaissance et la prise en compte par le groupe de ses conflits.

1 2 3 4 5

6. S'être soucié de rencontrer les autres membres du groupe lors des pauses ou des moments de détente.

1 2 3 4 5

7. S'être attaché à faciliter les relations entre les membres du groupe par le maintien d'un climat d'efficacité et de contraintes supportables.

1 2 3 4 5

8. S'être efforcé d'orienter les points de vue interpersonnels vers des positions réalistes.

1 2 3 4 5

9. S'être efforcé d'entretenir un minimum de relations interpersonnelles avec chacun des membres du groupe.

1 2 3 4 5

10. S'être efforcé de prendre conscience des différentes « tendances » intérieures qui sollicitent chacun.

1 2 3 4 5

11. S'être présenté aux autres de façon directe et authentique.

1 2 3 4 5

12. S'être impliqué dans le stage.

ANNEXE 3

Tableau récapitulatif.

Chaque participant reporte dans les colonnes intitulées « Points », les résultats chiffrés de ses réponses aux deux questionnaires (Annexes 1 et 2). Les numéros des questions des Annexes 1 et 2 sont ici regroupés sous trois rubriques.

A – SOI : Il s'agit de l'ensemble des contributions personnelles et directes du sujet à la progression ou au maintien du groupe.

B – LES AUTRES : Ce titre correspond à l'ensemble des relations « positives que le sujet a pu établir avec les autres membres du groupe pour contribuer à atteindre les objectifs communs.

C – GROUPE/PROBLÈME : Cette rubrique rassemble les contributions du sujet destinées à faire correspondre l'organisation du groupe et la nature du problème traité.

	ANNEXE 1		
	PROGRESSION		
	N° QUES-TIONS	POINTS	TOTAL
SOI	1		A =
	4		
	8		
	12		
LES AUTRES	3		B =
	5		
	9		
	11		
GROUPE PRO-BLÈME	2		C =
	6		
	7		
	10		

ANNEXE 2		
MAINTIEN		
N° QUES-TIONS	POINTS	TOTAL
3		A' =
10		
11		
12		
1		B' =
4		
6		
9		
2		C' =
5		
7		
8		

La somme des points obtenus dans chaque rubrique (réunissant 4 questions chacune) s'inscrit dans les colonnes intitulées « TOTAL ».
Chaque participant pourra comparer les résultats obtenus à l'intérieur d'une même rubrique (ex. : Soi A et A') en fonction de deux variables constitutives de la vie du groupe (Progression et Maintien).

Schéma explicatif :

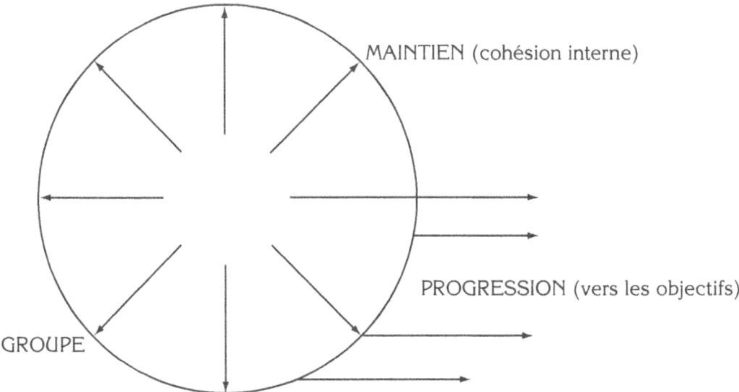

D'autres rapprochements et comparaisons pourront être effectués (ex. : A et B, A et C) par chaque participant. Ce sera une occasion pour eux de constater l'« équilibrage » de leurs réponses et la « qualité » de leur comportement.

II – ÉVALUATION D'UN MEMBRE DU GROUPE PAR TOUS LES AUTRES (ou évaluation de chacun pour tous)

On fait circuler parmi les participants l'annexe 4 en 2 volets pour qu'ils évaluent la contribution de l'un d'entre eux. L'inconvénient majeur de cette perspective réside dans la durée de mise en œuvre du processus d'évaluation.
Les deux grilles jointes (Annexe 4) synthétisent les résultats obtenus par un participant perçu par lui-même (Annexe 3) et par les autres.
Les différences entre les moyennes des notes attribuées par le groupe et les notes d'auto-évaluation d'un participant pourront donner lieu à une analyse et à une discussion. On laissera à chacun l'analyse des écarts entre A_n et A par exemple.

ANNEXE 4

Grille dévaluation d'un participant (X...) par les autres participants et par lui-même.

A

		PROGRESSION																	
	Questions	Nombre de points attribués par chacun des participants (15)															Totaux	Moyenne du groupe	Mon chiffre personnel
		a	b	c	d	e	f	g	h	i	j	k	l	m	n	o			
SOI	2																	A_n =	A =
	4																		
	8																		
	12																		
LES AUTRES	3																	B_n =	B =
	5																		
	9																		
	11																		
GROUPE / PROBLÈME	2																	C_n =	C =
	6																		
	7																		
	10																		

B

		MAINTIEN																	
	Questions	Nombre de points attribués par chacun des participants (15)															Totaux	Moyenne du groupe	Mon chiffre personnel
		a	b	c	d	e	f	g	h	i	j	k	l	m	n	o			
SOI	3																	$A'_n =$	$A' =$
	10																		
	11																		
	12																		
LES AUTRES	1																	$B'_n =$	$B' =$
	4																		
	6																		
	9																		
GROUPE / PROBLÈME	2																	$C'_n =$	$C' =$
	5																		
	7																		
	8																		

Remarques générales

La grille d'auto-évaluation (Annexes 1, 2 et 3) reste relativement simple à utiliser et à traiter. On peut concevoir son utilisation dans un groupe un peu après le début d'un stage (2e jour) et juste à la fin, venant appuyer l'évaluation.

Cette grille se prête fort bien à une réflexion sur la contribution, les comportements et les attitudes des participants durant le stage. Elle se prête moins à une évaluation en profondeur, de la personnalité des membres du groupe.

Une critique de cet instrument peut résider dans le fait que la note maximale (5) pourrait être considérée à tort comme l'idéal alors que certaines questions à noter sous-tendent des attitudes difficilement compatibles.

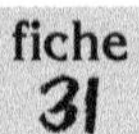

Attention :

La prudence dans l'utilisation de ces grilles (Annexe 4) est à recommander aux animateurs sans formation psychologique.

Observations personnelles

Tension interne d'un groupe[1]

Objectifs

- Représenter schématiquement l'état de tension d'un groupe à un moment donné.
- Comparer les différentes perceptions de ses membres.
- Réfléchir sur les « conflits ».

Matériel

- Une feuille de référence (consignes et schéma) par individu, plus une feuille à petits carreaux.
- Crayons, punaises pour afficher les feuilles.
- Durée : 20 à 30 minutes.

Déroulement

L'animateur fait un bref exposé sur la notion d'évolution d'un groupe : la méfiance initiale peut être par exemple remplacée à terme par une confiance progressive entre ses membres. De même, les désaccords ou absences d'accord que l'on observe lors de la constitution des groupes à propos du choix des principaux objectifs à atteindre peuvent faire place, après quelque temps, à des positions d'accord et de coopération. Le climat du groupe est étroitement lié à son degré de « maturation ».
On distribue ensuite aux participants la feuille où figure le schéma (annexe).

ANNEXE :

Feuille individuelle

La figure schématise l'état de tension d'un groupe. Elle repose sur deux axes bipolaires l'un vertical, représente un continuum entre un degré de *confiance* totale (en haut) et un degré de *méfiance* extrême (en bas), l'autre, horizontal, représente à gauche un pôle de *désaccord* total, évoluant sur la droite vers un point d'accord absolu.
Compte tenu de ce modèle, vous essayerez de dessiner un schéma représentatif du climat actuel de votre groupe : en déplaçant à votre convenance la ligne centrale verticale vers le désaccord ou vers l'accord

1. Cf. Pfeiffer (J.W.) et Jones. (J.E.) *A handbook of structured experiences for human relations training* (vol. II, p. 80).

et la ligne centrale horizontale vers la confiance ou la méfiance. Vous modifierez ainsi, en accord avec votre propre perception de l'évolution du groupe, l'importance relative des zones d'*union*, de *désunion*, de *conflit* et d'*accommodement*.

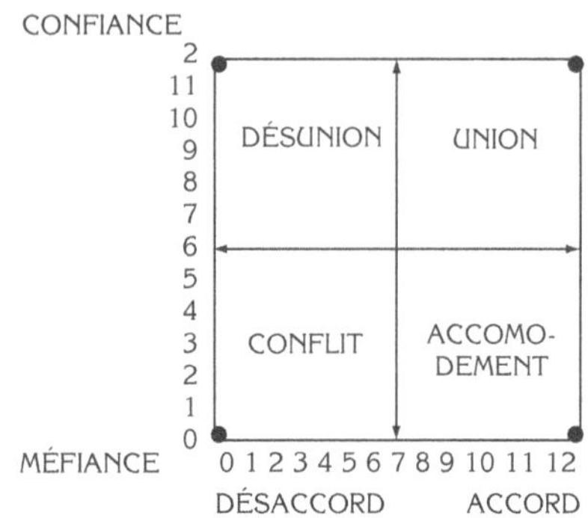

LES 4 ZONES :

UNION : degré élevé de confiance entre les membres et consensus sur les objectifs principaux du groupe.
DÉSUNION : la confiance demeure entre les membres mais il existe d'importantes divergences d'intérêt entre les participants.
ACCOMODEMENT : la confiance interpersonnelle s'avère faible mais la présence d'intérêts communs permet un minimum d'accord sur les objectifs visés.
CONFLIT : le désaccord est total sur les objectifs, et la méfiance est à son comble.

On demande à chaque participant de représenter graphiquement l'état du groupe dans lequel il vit, compte tenu des deux axes : *Accord-Désaccord* et *Confiance-Méfiance*, prévus à cet effet.

1. On affiche les différents schémas. On encourage les participants à analyser les différences de perception si elles existent ou les tendances qui peuvent apparaître à la lecture de ces dessins.
2. On peut aussi superposer les feuilles si elles sont suffisamment transparentes et relativement peu nombreuses, et observer à la lumière, une radiographie de l'état de tension du groupe.
3. On peut demander aux participants de constituer un schéma unique après discussion.

Remarques générales

Cette configuration sommaire du groupe peut aider l'animateur à amorcer une réflexion sur la notion de tension au sein d'un groupe ou entre les groupes.

Observations personnelles

Le comportement du voisin

Objectifs

- Susciter une évaluation tournante des comportements perçus dans un groupe par ses propres membres.
- Valider ou invalider les perceptions des participants en les confrontant à celles du groupe.

Matériel

- Une liste de propositions par personne.
- Papier et crayon pour chacun.

Déroulement

- 8 à 12 participants.
- Durée : 1 à 2 heures environ.

À la fin d'un séminaire ou d'un stage, cet exercice permet de formaliser l'évaluation réciproque des membres du groupe.

Distribuer une feuille par personne. Laisser le temps de la lire et de la remplir eux-mêmes (cf. annexe).

L'exploitation peut se faire en tournant si le groupe est disposé en cercle. Chacun fait part au groupe de la façon dont il a perçu le comportement de son voisin ; il demande enfin au groupe et au voisin de donner leur appréciation sur sa perception.

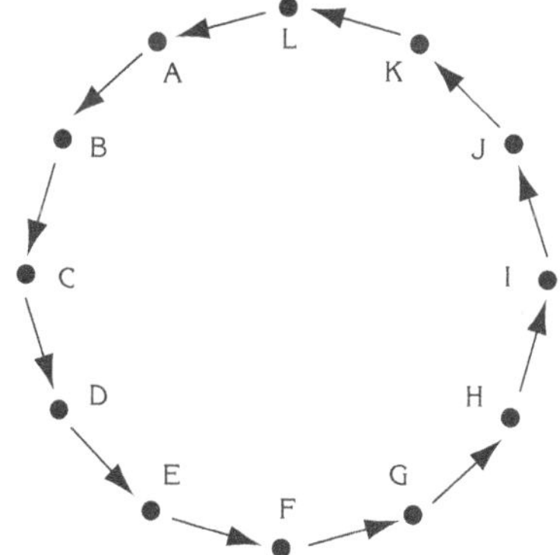

ANNEXE

« Votre tâche consiste à répartir à votre guise un montant de 100 points sur les 25 propositions susceptibles de décrire le comportement de votre voisin. Il se peut que certaines propositions ne recueillent aucun point et d'autres beaucoup. C'est votre « pondération » qui compte et qu'il vous faudra tenter de justifier (si on vous le demande). Inscrivez les points en face des propositions choisies dans la marge prévue à cet effet ; vous pourrez rajouter des propositions si vous le souhaitez. »

Propositions	Cotations
1. Il (ou elle) s'est conduit de façon démocratique et coopérative	
2. Il a plutôt manqué de combativité	
3. Il n'y a pas grand-chose à dire de son attitude	
4. Il s'est bien intégré au groupe	
5. Il a manqué de sérieux et de réalisme	
6. Il s'est affirmé franc et direct avec les autres	
7. Il a été victime de son émotivité	
8. Il a exercé un certain ascendant sur les autres	
9. Il a exprimé des points de vue originaux et créatifs	
10. Il a été tenu à l'écart par le groupe	
11. Il a manifesté sa vivacité d'esprit	
12. Ses propositions tombaient souvent à côté de la plaque	
13. Il s'est volontiers engagé dans ce qu'il a dit	
14. Il s'est révélé irritable et agressif	
15. Il m'a semblé plutôt sociable, ouvert et amical	
16. Il n'a fait preuve ni d'indépendance, ni d'autonomie	
17. Il est apparu calme et pacifique	
18. Il a exprimé clairement ses idées	
19. Il a aidé le groupe à progresser de façon réaliste	
20. Il est resté trop réservé, timide ou distant	
21. Il a beaucoup trop parlé, a monopolisé la parole	
22. Il a fait obstruction, a bloqué les débats	
23. Il a essayé d'impliquer tout le monde	
24. Il s'est montré à l'aise dans cette situation	
25. Il s'est intéressé aux procédures et aux aspects techniques ..	

Remarques générales

S'il y a des observateurs en nombre suffisant, on peut leur faire remplir cette fiche à propos d'un ou plusieurs membres du groupe et confronter leur opinion avec celles des acteurs.

On peut éventuellement recueillir au tableau les principaux résultats concernant chaque individu. Il faut que le groupe en exprime le désir. Cet exercice, comme tous les exercices de perception, demande tact et vigilance de la part de l'animateur.

Type de tableau :

	A	B	C	D	E... Participants
1	50				
2					
Questions 3	20				
4	5				

Observations personnelles

Une évaluation productive

Objectifs

- Évaluer un stage (ou toute problématique) sur un questionnement structuré, par une procédure qui libère l'imagination.
- Solliciter la participation de chacun par une prise de position factuelle (vote coloré), préalable à l'argumentation verbale.
- Obtenir, par l'image, une vision globale du groupe dans laquelle chacun conservera son identité.

Matériel

L'Abaque de Régnier® :

Un abaque est une construction géométrique présentant une solution graphique remplaçant les calculs. *L'Abaque de Régnier®* est un abaque original, utilisant une échelle colorée, permettant les votes de chacun et leur assemblage dans une configuration en damier. Il est édité et disponible en version manuelle (plaque et carrés magnétiques) et sous forme de logiciel PC compatible. Dans les deux cas, le principe reste le même. Cependant, la puissance de l'abaque électronique permet d'élargir encore les champs d'application.

L'affichage en colonnes est obtenu par des lettres, correspondant aux participants (A, B, C, etc.). L'affichage en lignes est obtenu par des chiffres identifiant les éléments de la problématique soumise au vote coloré (1, 2, 3, etc.). À l'intersection des lignes et des colonnes, sont insérés (ou saisis) les votes colorés de chaque participant sur chaque élément à évaluer.

Déroulement

- 12 ± 2 participants (à partir de 15, organiser 2 groupes).
- En quelque 10 minutes, on peut recueillir 100 décisions colorées.

Cet abaque permet de combiner un système logique (les conventions colorées de vote) et une représentation statistique par l'image (le damier assemblé).

Par analogie avec les feux de la circulation – vert, orange, rouge – le vote est respectivement favorable, mitigé ou défavorable. L'échelle de décision est complétée par un vert clair et un rouge clair, de façon à nuancer les choix. Le blanc représente la position sans opinion.

Le noir, le refus de voter.

Jouer, c'est annoncer la couleur – vert, vert clair, orange, rouge clair, rouge – entre le pôle favorable (vert) et le pâle défavorable (rouge). Si on ne peut pas jouer, ce sera le blanc. Si on refuse de jouer, ce sera le noir. Avec l'abaque manuel, chacun reçoit un nuancier. Avec l'abaque électronique (mais aussi avec l'abaque manuel), des feuilles spéciales de saisie sont distribuées aux participants pour voter. Chacun, individuellement, coche la couleur correspondant à son choix sur chacun des items à évaluer.

Quand le damier est complété sur le plateau de l'abaque manuel ou saisi avec le logiciel, l'animateur montre l'image au groupe et la séance proprement dite peut débuter. L'animation doit être directive sur la forme (distribuer la parole, en partant des faits colorés) mais non directive sur le fond (il n'y a pas de bonnes et de mauvaises réponses colorées, mais seulement, des arguments qui explicitent les différences affichées). Ce scrutin, à la différence d'un scrutin républicain, n'est pas dépouillé. Il est affiché et peut être modifié en cours de discussion. Il s'agit, en réalité, d'un vote délibérant.

Le programme de ce vote peut être élaboré par le groupe ou bien il est possible, à titre d'exemple, d'utiliser les questions suivantes :

1. L'objectif du stage est-il atteint ? (*vert* : complètement atteint ; *rouge* : complètement manqué ; *blanc* : je ne peux me prononcer ; *noir* : je refuse de me prononcer) ;
2. Votre objectif personnel ? (si pas d'objectif : *blanc*) ;
3. Quelle est l'utilité pratique pour vous ?
4. Par quelle couleur évaluez-vous le fonctionnement du groupe ?
5. Le style d'animation ?
7. La durée de la session ?
8. Quelle couleur pensez-vous mettre dans trois ans sur l'apport qui restera de ce stage ?
9. Question individuelle... Voyez-vous une neuvième question concernant un aspect de l'évaluation, non exploré dans les huit questions précédentes ? Si oui, annoncez la couleur (favorable ou défavorable) à cette question, sans formuler la question. Celle-ci sera exprimée lors de la discussion ultérieure. Si pas de question, la réponse est : *blanc*.
10. Neuvième question ?

    Les questions 9 et 10 permettent de « purger » le groupe des questions en suspens. Par ailleurs, ces questions individuelles supplémentaires peuvent être posées à l'ensemble du groupe, venant ainsi compléter l'évaluation tout en l'enrichissant.

Remarques générales

Ces procédures laissent à l'animateur une très grande flexibilité pour initier et gérer les échanges, une fois l'image assemblée. Il est possible de partir des questions qui révèlent une grande homogénéité des réponses colorées et par conséquent un accord (tendance au consensus). À l'inverse, il peut être intéressant d'aborder d'emblée, les points qui révèlent une hétérogénéité locale (un rouge dans une ligne verte) ou une divergence plus généralisée que révèle une dispersion des couleurs (variance élevée et tendance au dissensus).

L'*Abaque de Régnier*®[1] économise le temps d'organisation de l'échange, en centrant celui-ci sur les problèmes révélés par l'image. Ceux-ci sont dédramatisés par le vote coloré et peuvent être d'autant mieux abordés de façon interactive dans l'échange verbal. Par ailleurs, en transformant le groupe en orchestre, il apparaît un effet antiréunionite, ressenti par le groupe et par l'animateur.

Les questions-starter de discussion peuvent être créatives : « Vous avez mis *orange* sur cet item ; que faudrait-il changer pour que vous mettiez *vert* ? » ; « Vous mettez *rouge clair* aujourd'hui ; que serait votre couleur dans six mois ? ».

1. F. Régnier. 6, rue de la source. Nancy

Observations personnelles

Points de vue interculturels

Objectifs

Identifier l'origine culturelle de nos grilles de lecture dans l'évaluation.

Matériel

Un questionnaire mis au point par l'animateur et tenant compte des suggestions ci-après.

Déroulement

Un groupe composé d'une douzaine de personnes originaires de cultures différentes, est réuni pour environ une heure et demie.

L'animateur élabore un questionnaire focalisé sur des sujets permettant de différencier les cultures des participants. Par exemple, il pourra porter sur : le travail, l'autorité, la science, les changements dans la vie, le temps, la fête, la mort, la réussite, les étrangers, le rapport entre les sexes, les marginaux, l'éducation, la culture, les règlements, l'engagement, les contrats, les consensus, l'âge…

Le questionnaire une fois constitué, chacun devra répondre à trois questions à propos de chaque item.

1 – Comment pense-t-il que les participants des autres cultures présentes vont réagir ?

2 – Comment les gens de leur propre culture vont-ils réagir en général ?

3 – Comment il réagit personnellement ?

Exemple de question bipolaire :

« Je pense que le travail est : d'abord une contrainte/d'abord un plaisir

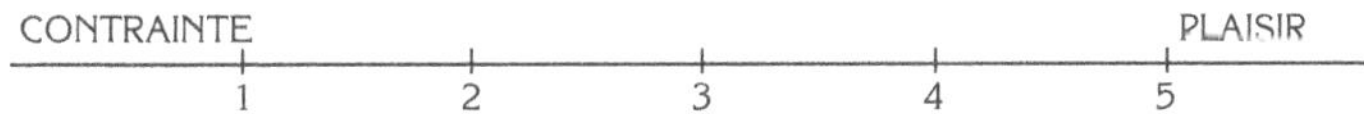

Indiquer votre opinion en choisissant un chiffre sur l'échelle

L'animateur remet une copie du questionnaire, à chaque participant et laissera 20 à 30 minutes pour y répondre individuellement.

Puis les participants sont distribués en sous-groupes « identiquement hétérogènes ». Chaque sous-groupe explore les possibilités ou les difficultés de l'obtention d'un consensus sur les 2 premières questions (les

réponses personnelles n° 3 ne font pas l'objet d'une recherche de consensus mais permettent à chacun de se situer).
Les sous-groupes, réunis en séance plénière, tenteront de faire la part des facteurs explicatifs (historiques ; géographiques, sociologiques, psychologiques, culturels...) permettant d'éclairer les différences vécues en groupe.

Observations personnelles

LEXIQUE

Attitude : Disposition mentale et neurologique organisée par l'expérience, et qui exerce une influence directrice ou dynamique sur les réactions de l'individu envers tous les objets et toutes les situations qui s'y rapportent (GW. Allport).

Cadre de référence : Système plus ou moins conscient des opinions, idées, valeurs, sentiments propres à un individu ou à un groupe, qui confère un sens particulier aux situations ou aux actions.

Cohésion : Forces convergentes tendant à maintenir l'unité des parties d'un ensemble.

Consensus : Accord unanime, consentement de tous les membres d'un groupe.

Croyance : Certitude subjective qui organise le monde et lui donne sa continuité. Elle constitue la totalité de tout ce que nous savons d'un certain objet, de tout ce qu'il signifie pour nous, de ce que nous pensons être vrai de lui.

Défense (Mécanisme de) : Ensemble d'opérations dont la finalité est de réduire, de supprimer toute modification susceptible de mettre en danger l'intégrité et la constance de l'individu.

Déviance : Écart par rapport aux normes, lois, coutumes en usage dans un groupe ou dans une société.

Dissonance cognitive : Désaccord logique qui se manifeste lorsque le système de référence d'un individu se trouve en contradiction (ou ne cadre pas tout à fait) avec un événement, un fait, une information. L. Festinger analyse la façon dont les individus tentent de réduire les tensions, de la façon la moins coûteuse pour eux, en intégrant tout ou partie de la cause perturbatrice.

Feed-back : Effet en retour (rétro-alimentation). Information en retour qui permet à un émetteur de contrôler la qualité de compréhension d'un message chez le récepteur.

Gestalt théorie : Théorie « de la forme », qui stipule que « le comportement humain ne dépend pas de la nature de chacun des éléments du groupe, mais que les attitudes individuelles sont fonction de leurs relations dynamiques avec les divers aspects de la situation et ne peuvent être comprises que par les ensembles sociaux auxquels les individus sont intégrés » (M. Grawitz).

Groupe d'appartenance : Groupe dans lequel un individu possède un rôle ou une fonction et où s'actualise sa relation à autrui.

Groupe de référence : Groupe auquel un individu appartient ou voudrait appartenir et dont les valeurs, les normes et les modèles intériorisés lui servent de « référence » et conditionnent ou motivent son comportement.

Horizon social : Représentation limite qu'un individu se façonne de son destin, de ses espérances, de sa situation qu'il a intériorisée ; « projection » de son avenir possible ; prévision de ses objectifs.

Idéologie : « Ensemble systématisé d'idées, de croyances et de représentations collectives concernant les causes et les principales caractéristiques des divers phénomènes de la vie sociale » (Minarik).

Intégration : « Processus d'adaptation d'un individu à un groupe ou celui d'un groupe à un organisme plus large. Elle comprend notamment l'assimilation des rôles sociaux et des modèles de comportement, l'acceptation des buts collectifs, des modes d'organisation et des types de relation » (Minarik).

Jeu de rôle : Improvisation d'une scène entre plusieurs participants à partir d'un scénario que chacun interprète ou infléchit dans un sens particulier.

Leader : Celui qui a un rôle dominant dans la vie d'un groupe ; rôle comportant des attributions et se réalisant sous forme de fonctions.

Leadership : Ensemble des caractéristiques d'un leader.

Machiavélisme : Système politique de Machiavel, considéré souvent comme négatif de toute morale ; conduite déloyale, perfide, sans scrupules.

Marginalité : Position dissidente d'un individu par rapport aux normes, valeurs, idées, opinions, organisation... ayant cours dans un groupe.

Motivation : « État de dissociation et de tension qui met en mouvement l'organisme jusqu'à ce qu'il ait réduit la tension et recouvré son unité » (Lagache).

Norme : Ensemble de règles de caractère contraignant, permettant à l'individu et aux groupes de régulariser leurs actions et leurs manières de penser. Elles constituent un système de code et permettent de se conformer aux situations les plus diverses. Elles se structurent en de véritables modèles.

Opinion : « L'expression d'une opinion est la formule nuancée qui, sur une question déterminée, à un moment donné, reçoit l'adhésion sans réserve d'un sujet » (Stoetzel).

Organisation : Manière dont les éléments d'un ensemble sont coordonnés afin d'assurer les diverses fonctions de celui-ci.

Préjugé : Jugement a priori, favorable ou défavorable ; opinion préconçue, facteur déformant de la perception.

Prestige : Du mot latin « praestigium » : Illusion, séduction, attrait merveilleux. Par extension : éclat, crédit, influence.

Projection : Phénomène par lequel nous avons tendance à percevoir le monde qui nous entoure, y compris autrui, en fonction de nos états affectifs internes, de nos habitudes, de nos intérêts, de nos humeurs...

Rôle : Ensemble des attitudes, des valeurs, des comportements assignés à un statut donné.

Sémantique : Sous-catégorie de la linguistique centrée sur les significations des mots, sur les signes et les symboles.

Statut : « Place (ou « position ») qu'un individu donné, occupe dans un système donné à un moment donné » (Union).

Stéréotype : « Les membres d'un même ensemble social présentent les mêmes dispositions à réagir devant telle situation ou tel objet. Cette imitation systématique conduit à des images toutes faites (clichés) qui sont transmises par le groupe et reçues sans discernement : ce sont les stéréotypes » (Mendras).

BIBLIOGRAPHIE

I – RECUEILS D'EXERCICES ET OUVRAGES PRATIQUES POURVUS D'EXEMPLES UTILES.

ADAMS (J.-L.), *Conceptual blockbusting a guide to better ideas,* Éd., GJ Mc Leod Limited, Toronto 1979.

ALBERT (L.) et SIMON (P.), *Les relations interpersonnelles,* Agence d'Arc, 1973.

ANGELI (G. de) et HEBRARD (J.), *Formation aux relations humaines*, Eurotraining, 1976.

AZNAR (G.), BOTTON (M.), MARIOT (J.-R.), *56 fiches d'animation créative*, Éditions d'Organisation, Paris, 1976.

BEVILLE (G.), *Jeux de communication à l'usage du formateur (73 fiches)*, Éditions d'Organisation, 2001.

BIGEARD (M.), *65 fiches de formation à l'encadrement*, Éditions d'Organisation, Paris, 1993.

BRUCHET (J.), *Professionnellement vôtre. Entraînement à l'expression orale,* Librairie Larousse, Paris, 1988.

CARABIN (T.), *Connaissez vos atouts – Testez vos aptitudes de leader*, Éditions de Vecchi, 1992.

CARDON (A.), *Le manager et son équipe*, Éditions d'Organisation, 1986.

CHANDEZON (G.), LANCESTRE (A.), *46 fiches de formation à l'animation des réunions*, Éditions d'Organisation, Paris, 1984.

CHARLES (R.) et WILLIAME (C.), *La communication orale*, Nathan, 1988.

CHENU (R.), *Favoriser les relations*, Éd. Chotard, 1992.

COLLIGNON (G.), *Comment leur dire... La process communication*, InterÉditions, 1999.

COUCHAERE (M.-J.), DUBOS (V.), METZ (C.), PIGALLET (Ph.), *40 études de cas de communication*, Éditions Liaisons, 1992.

CUNGI (C.), *Savoir s'affirmer*, Retz, 1996.

DEMORY (B.), GUILLOT (D.), *Rendre vos réunions passionnantes*, Éd. Chotard, 1992.

DUBOIS (N.), BEAUVOIS (J.-L.), *Exercices de psychologie*, Dunod, 1998.

FOURNIER (J.-Y.), *Gérer les rapports de force par l'AT*, Éditions d'Organisation, 1993.

Friant (J.) et L'HOSPITALIER (Y.), *Jeux problèmes. De la logique à l'intelligence artificielle*, Éditions d'Organisation, Paris, 1986.

FUSTIER (M.), *Exercices pratiques de communication à l'usage du formateur*, Éditions d'Organisation, 2000.

GENAIN (L.), LEROND (M.), *Pratique de l'analyse transactionnelle*, Éditions de Vecchi, 1988.

GILBERT (D.), ROZE (Y.), *52 jeux drôles, Images pour la formation*, Egico, Paris, 1990.

GILBERT (D.), SERRAT (N.), COMPAN (N.), *62 jeux de communication*, Egico, Paris, 1993.

GRUERE (J.-P.), *La communication interpersonnelle en 48 fiches*, Éditions d'Organisation, Paris, 1994.

GRUERE (J.-P.) et JABES (J.), *Traité des organisations*, P.U.F., 1982.

HACCOURT (M.), MASSART (B. et P.), THAELS (V.), *Groupes efficaces*, Vie ouvrière, 1989.

JOSIEN (M.), *Techniques de communication interpersonnelle*, Éditions d'Organisation, Paris, 1991.

KOLB (DA.), RUBIN (J.M.) et MAC INTYRE (J.), *Organizational Psychology, an experimental approach*, N. J. Prentice Hall, 1971.

LAVERRIÈRE (J.) et PLAILLY (G.), *75 fiches pour organiser le travail en groupe*, Éditions d'Organisation, Paris, 1977.

LAYOLE (G.), *Dénouer les conflits professionnels. L'intervention paradoxale,* Éditions d'Organisation, Paris, 1984.

MASSART (B. et P.), SOLE-TULKENS (T.), THAELS (V.), *Le plein d'idées pour se former et agir ensemble*, Éd. Vie ouvrière, Bruxelles, 1980.

MICHEL (M.), THIRION (J.-F.), *Des jeux et des ressources,* Éd. Hommes et perspectives, 1996.

MIGANI (P.), *Les systèmes de management en 22 fiches et 25 QCM*, Éditions d'Organisation, Paris, 1993.

MISSENARD (B.), *La négociation*, Éditions d'Organisation, Paris, 1988.

MORIN (P.), *Organisation et motivation*, Éditions d'Organisation, Paris, 1988.

MOULLEC (Y.-M.), *L'ABC d'une réunion réussie*, Éditions de l'Epargne, 1985.

DE MOURA (M.), *Psychologie sociale*, Eyrolles Université, 1990.

MUCCHIELLI (R.), *Opinions et changement d'opinion*, E.S.F., 1969 ; *La conduite des réunions*, E.S.F., 1970 ; *La dynamique des groupes*, E.S.F., 1971 ; *Communications et réseaux de communications*, E.S.F., 1971.

NICOLAS (P.), TURBE (J.), *Gestion des réunions*, Éditions d'Organisation, Paris, 1987.

PFEIFFER (J.-W.) et JONES (J.-E.), *Le répertoire de l'animateur de groupe,* Éditions d'Organisation, Paris, 1983

RAPAILLE (G.-C.), *Je t'aime, je ne t'aime pas, techniques de développement personnel*, Éd. Universitaires, 1974.

QUESNEL (L.), *100 psycho-jeux*, Paris, Le Centurion, 1981.

REMOUCHAMPS (R.) et MATHOT (P.) *L'efficacité du travail en groupe*, Éd. Vie ouvrière, 1972.

ROUSSIN-THESSIER (M.), LARIVEY (M.) et ROYER (D.), *Groupe et croissance personnelle*, Épi, 1971.

SIMONET (J.), *Organisation personnelle du travail*, Éditions d'Organisation, Paris, 1983.

STERN (P.), *Être plus efficace*, Éditions d'Organisation, 2001.

TAPIA (C.), POUSSAY (P.), *Les attitudes*, Éditions d'Organisation, Paris, 1991.

VANOYE (F.), *Travailler en groupe*, Hatier, 1976.

WEISS (D.-H.), *Comment tirer le meilleur de chacun*, Presses Pocket, 1992.

II – OUVRAGES CONCERNANT LES GROUPES

AEBSCHER (V.), OBERLE (D.), *Le groupe en psychologie sociale*, Dunod, 1990.

AMADO (G.) et GUITTET (A.), *La dynamique des communications dans les groupes*, E. Colin, 1975.

ANZIEU (D.) et MARTIN (J.-Y.), *La dynamique des groupes restreints*, P.U.F., 1969.

ANZIEU (D.), *Le groupe et l'inconscient*, Dunod, 1975 ; *Le travail psychanalytique dans les groupes*, Dunod, 1972.

BERGER (M.), *Cross-cultural team building*, McGraw-Hill, 1996.

BIGEARD (M.), *Équipe gagnante*, Éditions d'Organisation, 2000.

CARDON (A.), *Le manager et son équipe*, Éditions d'Organisation, Paris, 1991.

CHEVRIER (S.), *Le management des équipes interculturelles*, P.U.F., 2000.

FREUD (S.), Totem et tabou, Payot, 1923 ; *Psychologie collective et analyse du moi*, Payot, 1921.

HACCOURT (M.), MASSART (B. et P.), THAELS (V.), *Groupes efficaces*, Éd. Vie ouvrière, 1989.

KAES (R.), *L'appareil psychique groupal*, Dunod, 1976.

LAVERRIÈRE (J.), PLAILLY (G.), *75 fiches pour organiser le travail en groupe*, Éditions d'Organisation, Paris, 1977.

LEBEL (P.), *Animation des réunions*, Éditions d'Organisation, Paris, 1983.

LEWIN (K.), *Psychologie dynamique*, P.U.F., 1959.

Lobrot (M.), *L'animation non directive des groupes*, Payot, 1974.

LUFT (J.), *Introduction à la dynamique des groupes*, Privat, 1967.

MAISONNEUVE (J.), La *dynamique des groupes*, P.U.F., 1995.

MOULINIER (R.), *L'animation dynamique des réunions*, Éditions d'Organisation, Paris, 1991 ; *Mener une réunion efficace*, Éditions d'Organisation, 1999.

PAGES (M.), *La vie affective des groupes*, Dunod, 1968.

POULET (B.), *La conduite de réunion*, Demos, 1999.

ROGERS (C.), *Les groupes de rencontre*, Bordas, 1973.

RONDEAU (R.), *Les groupes en crise ?*, Pierre Mardaga, 1980.

ROUSSEAU (G.), *Les réunions dans la vie des groupes*, Privat, 1977.

TEILLER (Y.) et TESSIER (R.), *Leadership, autorité et animation de groupe*, Épi, 1968.

SAINT-ARNAUD (Y.), *Les petits groupes, participation et communication*, PUM CIM, 1978.

SIMONET (J. et R.), *Le management d'une équipe*, Éditions d'Organisation, Paris, 1987.

III – MANUELS ET OUVRAGES DE SYNTHÈSE – PSYCHOSOCIOLOGIE DES ORGANISATIONS

AUBERT (N.), GRUERE (J.-P.), JABES (J.), LAROCHE (H.), MICHEL (S.), *Management, Aspects humains et organisationnels*, P.U.F, fondamental, 1992.

AUBERT (N.), DE GAULEJAC (V.), NAVRIDIS (K.), *L'aventure psychosociologique*, Desclée de Brouwer, 1997.

BEGIN (G.), PURUSHOTTAM (J.), *Psychologie sociale*, Presses Universitaires Laval, 1979.

CABIN (Ph.), *Les organisations – État des savoirs*, Éd. Sciences Humaines, 1999.

CASTELLAN (Y.), *Initiation à la psychologie sociale*, A. Colin, 1970.

CHANLAT (J.-F.), *L'individu dans l'organisation*, PUL, ESKA, 1990.

CITEAU (J.-P.), ENGELHARDI – BITRIAN (B.), *Introduction à la psychosociologie – Concepts et études de cas*, A. Colin, 1999.

COIFFIER (E.), CROZET (Y.), *Sociologie basique*, Nathan, 1990.

DORTIER (J.-F.), *Les sciences humaines – Panorama des connaissances*, Éd. Sciences Humaines, 1998.

FAUCHEUX (C.) et MOSCOVICI (S.), *Psychologie sociale et expérimentale*, Mouton, 1971.

FILLEAU (M.-G.), MARQUES-RIPOULL (C.), *Les théories de l'organisation et de l'entreprise*, Ellipses, 1999.

FISCHER (G.-N.), *Les concepts fondamentaux de la psychologie sociale*, Dunod & PUM, 1987.

GERGEN (K.-J.), GERGEN (M.-M.), *Psychologie Sociale*, Éditions Études Vivantes, 1984.

GRUÈRE (J.-P.), JABES (J.), *Traité des organisations*, P.U.F., 1982.

GUIOT (J.-M.), BEAUFILS (A.), *Comportement organisationnel*, Gaston Morin, 1985.

HILGARD (E.-R.), ATKINSON (R.-L.), *Introduction à la psychologie*, Éd. Études Vivantes, 1980.

JODELET (D.), VIET (J.), *La psychologie sociale*, Mouton, 1970.

KRECH (D.), CRUTCHFIELD (R. S.), LIVSON (N.), KRECH (H.), *Psychologie*, Édition du Renouveau Pédagogique Inc., Ottawa, 1979.

LASSARE (D.), *Psychologie sociale et économie*, A. Colin, 1995.

LEVY-LEBOYER (C.), *Psychologie des organisations*, P.U.F., 1974.

LEVY (A.), *Psychologie sociale, Textes fondamentaux*, Dunod, 1965.

LEYENS (J.-P.), *Psychologie sociale*, P. Mardaga, 1979.

MAISONNEUVE (J.), *Introduction à la psychologie*, P.U.F., 1973.

MORIN (P.), DELAVALLÉE (E.), *Le manager à l'école du sociologie*, Éditions d'Organisation, 2000.

MOSCOVICI (S.), *Introduction à la psychologie sociale (2 vol.)*, Larousse, 1973.

MOSCOVICI (S.), *Psychologie sociale*, P.U.F., Fondamental, 1984.

MYERS (D.-G.), LAMARCHE (L.), *Psychologie sociale*, McGraw-Hill Éd., 1992.

NEWCOMB (T.M.), *Manuel de psychologie sociale*, P.U.F., 1970.

PAPALIA (D.-E.), WENDKOS OLDS (S.), *Introduction à la psychologie*, McGraw-Hill, Éditeurs, 1988.

PÉTARD (J.-P.), *Psychologie sociale*, Breal Éditions, 1999.

PETIT (F.), *Introduction à la psychologie des organisations*, Privat, 1979.

PINTO (R.), GRAWITZ (M.), *Méthodes des sciences sociales*, Dalloz, 1967.

Rojot (J.), Bergmann (A.), *Comportement et organisation*, Vulbert, 1989.

Roussiau (N.), *Psychologie sociale*, In Press Éditions, 2000.

Schein (E.), *Psychologie et organisations*, Éditions Hommes et Techniques, 1971.

Schermerhorn (J.-R.), Hunt (J.-G.), Osborn (R.-N.), *Comportement humain et organisation*, Village Mondial, 2002.

Segrestin (D.), *Sociologie de l'entreprise*, Coll. U., A. Colin, 1992.

Vallerand (R.-J.), *Les fondements de la psychologie sociale*, Gaëtan Morin Éd., 1994.

IV – OUVRAGES D'OUVERTURE AUX THÈMES ABORDÉS

Barrel (Y.), *La marginalité sociale*, P.U.F., 1982.

Berne (E.), *Des jeux et des hommes*, Stock, 1964.

Bourdieu (P.), *La distinction, critique sociale du jugement*, Les Éditions de Minuit, 1979.

Butteau (P.), *Manager, un véritable jeu avec la PNL*, Arnaud Franel Éd., 1997.

Cohen (A.), *La déviance*, Duculot, 1971.

Collerrette (P.), *Pouvoir, leadership et autorité dans les organisations*, P.U.F., 1994.

Crevecœur (J.-J.), *Relations et jeux de pouvoir*, Jouvence Éditions, 1999.

Cribbin (J.-J.), *Le leadership*, Les Éditions de l'homme, 1986.

Crozier (M.), *Le phénomène bureaucratique*, Seuil, 1963 ; *La société bloquée*, Seuil, 1970.

Crozier (M.) et Friedberg (E.), *L'acteur et le système*, Seuil, 1977.

CUDICIO (C.), *Développement personnel. Le guide,* Les Éditions d'Organisation, 1995 ; *Maîtriser l'art de la PNL*, Les Éditions d'Organisation, 1996.

DEMORGON (J.), LIPIANSKY (E.M.), *Guide de l'interculturel en formation*, Retz, 1999.

DE VITO (J.-A.), *Les fondements de la communication humaine*, Gaëtan Morin Éditeurs, 1993.

DOISE (W.), *L'articulation psychosociologique et les relations entre groupes*, Éd. A. de Boeck, 1976.

DUFRENNE (M.), *La personnalité de base*, P.U.F., 1953.

DULUC (A.), *Leadership et confiance*, Dunod, 2000.

DUPRIEZ (P.), SIMONS (S.), *La résistance culturelle*, de Boeck Université, 2000.

FOURNIER (J.-Y.), *Gérer les rapports de force par l'analyse transactionnelle*, Éditions d'Organisation, 1993.

FREUD (A.), *Le moi et les mécanismes de défense*, P.U.E, 1949.

GOFFMAN (E.), *La mise en scène de la vie quotidienne*, Éditions de Minuit, 1973.

GOFFMAN (E.), *Les rites d'intéraction*, Éditions de Minuit, 1974.

GRUERE (J.-P.) et MOREL (P.), *Cadres français et communications interculturelles*, Eyrolles, 1990.

HALBWACHS (M.), *Esquisse d'une psychologie des classes sociales*, Éditions Marcel Rivière, 1964.

HARRIS (T.-A.), *D'accord avec soi et les autres*, Épi, 1974.

JOULE (R.-V.), BEAUVOIS (J.-L.), *Petit traité de manipulation à l'usage des honnêtes gens*, PUG, 1987 ; *La soumission librement consentie*, PUF, 1998.

KAUFFMAN (J.-C.), *La vie ordinaire, voyage au cœur du quotidien*, Éditions Greco, 1989.

KAUFFMAN (J.-C.), *La trame conjugale*, Nathan, 1992.

KERJEAN (A.), *Les nouveaux comportements dans l'entreprise*, Éditions d'Organisation, 2000.

KETS DE VRIE (M.-F.), *Combat contre l'irrationalité des managers*, Éditions d'Organisation, 2002.

LINTON (R.), *Le fondement culturel de la personnalité*, Dunod 1977.

MEIGNEIZ (R.), *Pathologie sociale de l'entreprise*, G.V., 1964.

MICHON (C.), STERN (P.), *La dynamisation sociale*, Éditions d'Organisation, Paris, 1985.

MORENO (J.-L.), *Les fondements de la sociométrie*, P.U.F., 1954.

MYERS (G.E.), MYERS (M.T.), *Les bases de la communication interpersonnelle*, McGraw-Hill Éditions, 1984.

PAGES (M.), *L'orientation non directive*, Dunod, 1965.

PAUCHANT (T.-C.), *La quête du sens*, Éditions d'Organisation, 1996.

POITOU (J.), *La dissonance cognitive*, A. Colin, 1974.

RAPPAPORT (A.), *Combats, débats et jeux*, Dunod, 1967.

REGNIER (F.), *L'entreprise annonce la couleur*, Éditions d'Organisation, Paris, 1993.

STOXA (P.), *Le développement personnel*, Éditions Village Mondial, 1999.

STRAUSS (A.), *Miroirs et masques*, Métailié, 1992.

TCHAKHOTINE (S.), *Le viol des foules par la propagande politique*, N.R.F., 1952.

THEVENET, *Impliquer les personnes dans l'entreprise*, Éditions Liaisons, 1992.

THEVENET (M.), VACHETTE (J.-L.), *Culture et comportement*, Vuibert, 1992.

VERBUNT (G.), *La société interculturelle*, Seuil, 2001.

WIDLOCHER (D.), *Freud et le problème du changement*, P.U.F., 1970.

www.ingramcontent.com/pod-product-compliance
Ingram Content Group UK Ltd.
Pitfield, Milton Keynes, MK11 3LW, UK
UKHW021057270726
13994UKWH00009B/2